创造的魅力

芒种品牌解读集

主编　杨巧佳

副主编　周叶润　贺梦晗

ZHEJIANG UNIVERSITY PRESS
浙江大学出版社

序言 PREFACE

创造的魅力，
并非所有人都能够体会。

创造，有三层意思：
发明、制造、创作。
对于品牌建设而言，
品牌创造，犹如无中生有的发明；
品牌再造，犹如前置模式下的制造；
品牌重塑，犹如源于且高于生活的创作。

农产品品牌的创造、再造、重塑
无法离开地理生态与农耕文脉之框。
要寻找到符合中国特色的品牌创造，
则更须，利用"创意的魅力"，
达到创造的价值。

创意，是旧要素的新组合。
琳琅满目但日趋同质化的农产品，
上下五千年的中华农耕文脉，

序言 PREFACE

960 万平方公里上, 异态纷呈的风土,
都是创意的营养, 也成为创意的镣铐。

戴着镣铐舞蹈,
芒种的年轻人, 飞扬创意的翅膀,
共同探索了"巴味渝珍""济宁礼飨"等
富有中国特色的多品类农产品区域公用品牌,
携手再造了"长白山人参""庆安大米"等
单一产业的农产品区域公用品牌,
合力重塑了"山西药茶""尼勒克黑蜂蜜"等
农产品区域公用品牌的核心价值。

创造的过程,
是读万卷书, 行万里路的坚毅,
是"上穷碧落下黄泉"的艰苦卓绝,
是创意出生之前,
被困在黑夜黎明前夕的困兽犹斗,
是品牌进入市场之前,
希望奇迹发生的翘首巴望。

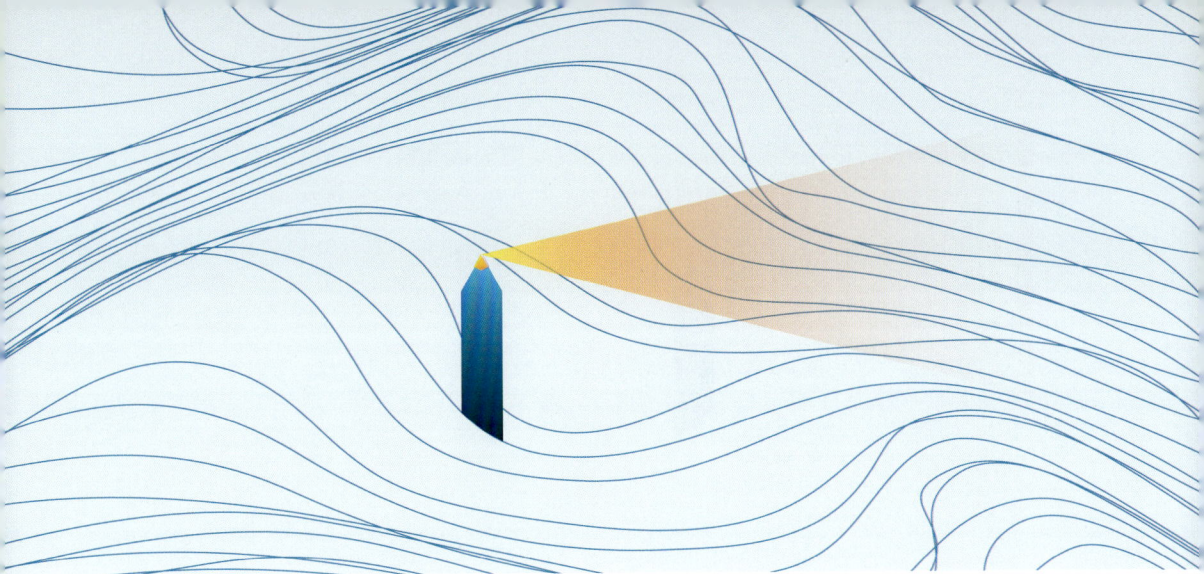

但是创造，
让芒种的年轻人，
在探索中发现，
在思考中深入，
在烧脑中迸发出绚烂的创意，
在一个个充满挑战的日子里，
发现了创造的魅力。

他们用自己的行走，
传播了富有中国特色的创新性品牌思想，
他们用自己的才华，
为一个个中国乡村实现着品牌赋能，
在每一个乡村品牌、农产品牌身上，
打上了青春的、创造的、理想的烙印。

他们的时代来临了，
他们将与自己创造的品牌共生长，
他们将自己的未来，
与中国的未来紧紧地绑在了一起。

想象未来的某一天，

他们可以自豪地说：

祖国，在您美好的生活图景里，

存有我们青春的理想，共同的创造。

是为序。

芒种品牌管理机构专家委员会主任　胡晓云

2021 年 8 月 6 日

目录 CONTENTS

后记

注:文章书序按照国家行政区划顺序排列

千年河套，再创荣光

"天赋河套"农产品区域公用品牌
创制与表达

文/李闯

巴彦淖尔，蒙语意谓"富饶的湖泊"。巴彦淖尔人以生活在这片自古富庶之地而引以为傲，"无论多大的饥馑之年，河套地区从来没有饿死过人"。河套曾是因饥荒而被迫移民的大规模迁徙运动——"走西口"的重要目的地之一。"黄河百害，唯富一套"，几千年的历史已经向世人充分展示了上天对这片厚土的钟情与关爱。2021年9月7日，"天赋河套"品牌新闻发布会在京举办，千年河套因农产品区域公用品牌的建设而再创荣光。

向水而生

　　巴彦淖尔地处北部干旱高寒地带，全年降雨量是蒸发量的十多倍，本不利于农作物的生长。但巴彦淖尔不一样，其河套地区就是因水系丰富而得名。巴彦淖尔人在漫长的历史进程中，以特有的智慧开凿了亚洲最大的一首制自流灌溉工程，引黄入渠，驯服咆哮的黄河。一切因为有了水而不同，河套地区的千万亩良田欣欣向荣，遍野繁花。水的灌溉，滋生万物；高寒气候，凝聚营养，提升品质，巴彦淖尔在农产品的生产上，拥有了无可比拟的差异化优势。

　　然而，璞玉藏于匣而人未识。为提升巴彦淖尔农产品消费认知和区域形象，推动区域经济绿色、持续高质量发展，引领区域绿色崛起，在巴彦淖尔市委、市政府的支持下，内蒙古巴彦绿业实业有限公司委托浙江芒种品牌管理有限公司为其编制"巴彦淖尔市农产品区域公用品牌战略规划"。就这样，在最美的季节里，我们几次往返巴彦淖尔，探究那些田园牧歌式的种种美好。

因地而丰

　　如果有人认为巴彦淖尔只有河套平原，那就大错特错了。巴彦淖尔拥有多样的地形地貌，"山水林田沙湖草"，几乎集聚了除海洋之外所有的中国自然景观。巴彦淖尔的农人和牧民依地形地貌的不同，生产丰富多样的农牧产品，形成了十大产业：粮油、炒货、果蔬、乳、肉、绒、饲草料、水产、中药材及酿造。巴彦淖尔有机奶产量占全国一半以上，农畜产品出口连续多年位居内蒙古榜首，是全国最大的无毛绒生产基地、脱水蔬菜生产基地、向日葵生产加工基地，是全国第二大番茄种植加工基地，也是全自治区地级市中唯一能四季均衡出栏肉羊养殖与加工基地。巴彦淖尔农产品的丰盛，由此可见一斑。

文化多元

　　独特的地理位置和丰盛的物产使得巴彦淖尔自古就是兵家必争之地，是多民族融合共栖的场所，由此创造了悠久灿烂的文化，形成一体多元、和谐共生的多元文化形态。

　　南部河套是黄河冲积平原，拥有深厚的农耕文化积淀。北部是草原，各少数民族在马背上创造了游牧文化。在这两种文化基础上，历史上各种重大的事件交织在一起，衍生出丰富多样的亚文化，如边塞文化、水利文化、移民文化、征战文化、阴山文化、佛教文化等等。

汇聚焦点

许多时候，选择越多可能会越难以抉择。在自然禀赋、历史人文与丰盛物产的三元交汇中，巴彦淖尔如何删繁就简、扬长避短，选取有代表性、有差异性、有价值感的元素创建农产品区域公用品牌，成为课题组面临的关键问题。

在课题组为期六天的调研中，焦点慢慢浮现出来，无论巴彦淖尔的文化界人士、主要领导还是农产品生产者、消费者，都将河套作为代表性的核心元素。河套代表农耕文化，与农产品是强连接，拥有历史声誉，全国的认知度远远高于巴彦淖尔。为此，课题组从四个方面进行梳理和挖掘：

土壤： 黄河冲积平原，天赐沃土；

地形： 地貌形态多样，地形天生；

气候： 温差大日照长，滋味天成；

水源： 黄河充沛水源，天然灌溉。

由此，课题组将巴彦淖尔农产品区域公用品牌名称确定为：

天赋河套

为延续河套地区在历史上积累的声誉，彰显区域的富庶特征和稀缺性，凸显巴彦淖尔在整个中国版图和黄河流域的差异性、独特性，强化黄河的区域背书功能，课题组将品牌口号确定为：

天下黄河，唯富一套

价值再造

"天赋河套"表达的是自然之于巴彦淖尔的恩赐，并未展现巴彦淖尔农牧人的勤劳和智慧。从消费者的角度看，为什么会"唯富一套"？"天赋河套"品牌农产品好在哪里？如何体现其品牌的价值感？

课题组从巴彦淖尔自然资源禀赋和农牧业产业优势两方面提炼出六个价值支撑体系：

农业禀赋有一套： 土壤、气候、水源、地形等自然资源禀赋，具有不可复制的独特性；

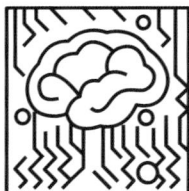

农人智慧有一套：经过两千多年的挖掘和疏浚，创制出灌溉千万亩良田的黄金水系；

农耕匠心有一套：依多种地形地貌种植，融汇现代科技，打造塞上绿色有机食品库；

农牧技艺有一套：承接悠久的牧养草原文化，创造了生态循环养殖模式，保障品质；

农产创新有一套：基于优质初级农产品，发展出核心配套加工技术，建立行业声誉；

农情管理有一套：在规模化、标准化生产方面，建立成熟的利益联结、品牌管理机制。

品牌价值支撑 ▼

农业禀赋
有一套

农人智慧
有一套

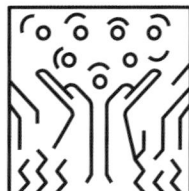

农耕匠心
有一套

农牧技艺
有一套

农产创新
有一套

农情管理
有一套

形象创制

　　基于巴彦淖尔地理位置、河套地区地貌特征、阴山岩画的风格调性、民族文化和农牧业产业特征等要素，课题组对"天赋河套"品牌形象符号体系进行创意、制作。

　　"天赋河套"品牌主形象以阴山岩刻的笔触再现"河套"二字，古朴庄重大气，寓意农产品的原生态和淳真品质。在主形象的文字图形中，其构成线条融入黄河"几"字弯和蒙古包的弧形帐顶意象，彰显地域背书，增强识别性。品牌主形象整体线条结构与河套地区的黄河灌溉河网异曲同工，具有显著的差异性和传播力。主形象的外形摒弃了中规中矩的四方形设计，对上下两条边线进行了内弧形设计，赋予图形新奇感和变化，以免流于呆板。

　　在配色方面，黄色代表了河套平原农产品丰收的场景，寓意农耕文明；蓝色代表湖泊和天空，寓意生态环境；绿色代表草原和生命力，寓意游牧文化；白色代表蒙古包帐顶，寓意民族风情。

品牌标识 ▼

整装待发

与其他地区相比,巴彦淖尔自有其特殊性。它拥有不可复制的自然资源优势,是农牧业大市,农牧业对巴彦淖尔经济发展具有重要意义;另一方面,这里远离工业污染,农畜产品品质卓越且供应总量有限,是稀缺资源。

因此,农产品品牌战略是巴彦淖尔市区域经济发展的核心战略,是推动"绿色崛起"、"生态发展"、高质量持续发展等一系列战略的关键战略。2018 年 9 月,"天赋河套"品牌新闻发布会在北京举办,一个崭新的品牌已诞生。千年河套必将再创荣光。

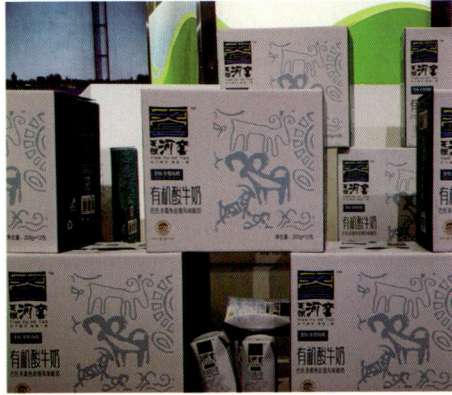

地缘价值的聚焦与延展

黑河市农产品区域公用品牌创意解读

文/茅嘉豪

随着科技进步和生产力发展,如今国际交通物流能力和信息传递效率相比过去都有了巨大提升,从时空上缩小了各国、各地区间的距离,世界经济呈现出融合趋势。通过商品、技术、信息、服务、人员等生产要素的跨国跨地区流动,许多工业产品已经实现了全球化生产,源自不同生产地的同款产品所差无几。

与工业产品不同,农产品因其生产特征,具有鲜明的区域性特点。中国人常说,"橘生淮南则为橘,橘生淮北则为枳",尽管现在农业技术有了飞跃发展,地理区位仍是影响产品品质的重要因素。同样的品种、同样的技术,不同产区的农产品却常常呈现出大相径庭的理化特征。可以说,地缘价值是农产品最宝贵的财富之一——那么,这份财富要如何转化成农民的收益?黑河市农产品区域公用品牌的创建历程,或许具有一定的借鉴意义。

　　2019年4月，为了整合区域农业资源，推动产业转型升级，黑河全域绿色农业发展有限公司代表黑河市委、市政府，委托芒种品牌管理机构编制黑河市农产品区域公用品牌战略规划。当月，项目组就前往黑河市展开了调研工作。

　　黑河市属黑龙江省下辖市，位于大兴安岭东端，松嫩平原北部。黑河市与俄罗斯远东第三大城市、阿穆尔州首府布拉戈维申斯克市隔黑龙江相望，建有黑河口岸、中俄黑龙江大桥，是我国重要的边境城市，有着"中俄之窗""北国明珠"之称。

据考古证明，早在旧石器时期黑河地域就有人类活动，并逐渐演变为本地古代土著民族。公元前 16 世纪，居住在黑河的东胡、秽貊人已经与中原地区开始交流，和商朝形成了"东胡黄罴，山戎戎菽"的贡纳关系。受地理纬度影响，黑河市冬季气候严寒、自然条件较为极端，在古代给人们的生产生活带来巨大考验。因此，这里一度活跃着北方游牧民族，并成为鄂伦春族、达斡尔族等众多少数民族的成长温床。此后，随着人口迁徙和文明发展，黑河市的农耕魅力才被逐渐发掘。

事实上，黑河市具备得天独厚的农业生产条件。黑河市的气候条件极大抑制了病虫害的发生，因此市域内化肥、农药投入量低于全国均值的 1/3，全域农产品几乎都能达到国家绿色食品标准。黑河市地处世界三大黑土带之一，土层深厚，土壤肥沃，平均厚度最高可达 1.5 米，远超全国平均水平，且有机质含量在 4%~6% 之间，达到国家一类土壤标准。此外，黑河市兼具低山、丘陵、火山熔岩台地、盆地、平原和河谷地貌特征，适宜多种农作产品的生长，市内粮食、林果、蔬菜、水产、畜牧等多类产业均有发展，黑河大豆的年产量更是达到全国总量的 1/6。

生态绿色、文化多元、物产丰饶……黑河市具备如此多差异性特点，应该如何传递给消费者？调研过程中，与时任黑河市委书记秦恩亭的座谈为项目组带来了极大的启发。秦书记向我们介绍，黑河市是我国最北地级市，市域内的农作产品在严寒气候中缓慢生长，具有更高的生物活性物质含量，能为消费者提供更充足的营养，因此黑河市的农作产品称得上是"功能性物产"。会后，秦书记还与我们分享了他有感而发，刚刚创作完成的一首诗：

醺风四月到天涯，边城无处不着花。莫嫌塞外春来晚，转眼秋实满枝桠。

秦书记的诗不禁让人联想起白居易的名句"人间四月芳菲尽，山寺桃花始盛开"，不过香山居士的花开在山巅，秦书记的花则源自黑河市。我们意识到，黑河市的众多差异性特点都与其独特的地理区位密不可分。正因为处于高纬度地区，黑河的生态环境、文化传承、性格禀赋和物产资源才会与众不同，黑河市才能够区别于其他市域，形成独属自身的文化基因、产品特质。由此，项目组聚焦黑河市农产品的地缘价值，并将其内涵进行延展，融入生态、文化等诸多特点，将黑河市农产品的核心价值提炼为"极境"，并梳理出五大价值支撑：

中华之极 国土边境 / 生态之极 绿色仙境 / 文脉之极 民族和境 /

禀性之极 奋斗进境 / 物产之极 丰饶胜境

"极"具有"顶点、尽头、最高"等含义，"极境"是对黑河地理区位的概述，也是黑河农产品几大差异化特点的统一内核。在此基础上，确立品牌名称为：

极境寒养

"寒"源自黑河的地缘优势，也是黑河市农作物产出众品质的重要保障。因为"寒"，所以黑河市的农作产品才有更多的活性物积累、更少的化学投入品使用，才能保证"绿色精品"。"寒养"一词字面上是"寒冷养育"之意，反映出品牌产品的类别，也彰显出产品的生命活力。此外，"寒养"亦有"涵养"的谐音，体现了黑河农产品有内涵、能养生，值得细品。

确认品牌名称后，为助力消费认知，进一步创意品牌口号为：

极境黑河 寒养至味

该品牌口号中，将"黑河"与"极境"进行了关联，强调了黑河市的独特区位和原生环境，同时也强化了"极境"的画面感，呈现出黑龙江在广袤大地上流淌、滋润江畔作物的场景。"寒养至味"承接前句，表明寒冷气候中孕育出的是"极致的味道"，这种味道融入了黑河的边陲风味、自然本味、文化韵味、人生况味和食材滋味。品牌口号蕴含着"只有多种特殊性汇聚一地，才能抵达心中所追寻的味道"之意，引导消费者追寻心中所爱，而不被现代工业生产的标准化产品左右味觉，体现出"不断探索、精益求精"的生活理念。

随后，项目组设计了"极境寒养"的品牌主形象，以便于品牌更有效地传播。品牌主形象从黑河市地理区位和生态环境出发，提炼出地球、极地、沃野、太阳等象征元素；从黑河市行政区划图出发，提炼出"蝴蝶"这一符号意向。将不同元素进行融合创意，形成了品牌主形象：

品牌标识 ▼

该形象的设计仍聚焦于黑河市农产品的地缘价值，并赋予其更多含义，整体来看主形象是一只从地球上展翅飞翔的蝴蝶，象征着处于"极境"的黑河市，同时这也是一幅"丰饶的沃野尽头，太阳从地平线上升起"的景象。黑河农产品在此之前一直以"原"字号的形式销售，就像蝴蝶的幼虫，稚嫩朴素，而"极境寒养"品牌孵化的过程就好比蝴蝶羽化，能让全市农产品迎来灿烂的前景，快速发展。这一只"蝴蝶"与黑河有着深厚的链接，是绿色生态的象征，也是蓬勃希望的象征。

基于品牌主形象，进一步形成品牌识别性和立体传播价值，例如产品包装、常规宣传物料、常规衍生品等统一品牌对外的视觉形象。

2019 年 8 月 20 日，黑河市隆重召开了黑河市农产品区域公用品牌新闻发布会，"极境寒养"的全新形象于会上首次登台亮相。"极境寒养"作为涵盖黑河全市所有农产品的大品牌，将通过系列品牌管理机制，整合市域内的粮食、林果、蔬菜、水产、畜牧等众多产业，共同面向消费市场。在品牌发布之后，黑河全域绿色农业有限公司已经同步开展产品梳理筛选、品牌宣传推广、旗舰店建设等工作，"极境寒养"品牌产品正在逐步推向市场，走进千家万户。

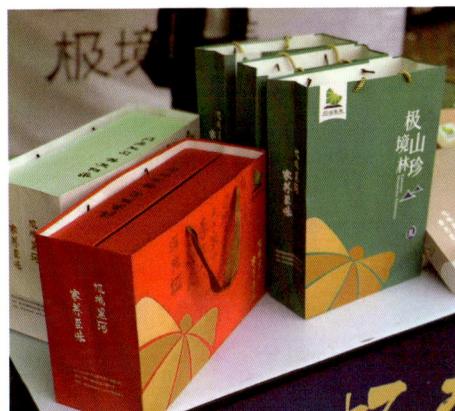

瓯越鲜风
先锋路上起鲜风

文/庄庆超

光芒与失落

中国一共有300多座地级市，但为人所熟知的，却不足五分之一。在这五分之一中，温州的名气可谓响彻中国大地，并且蜚声海外。改革开放以来，温州颁发了中国第一张个体工商户营业执照，颁布了中国第一个民营企业的地方性规章，起草了中国第一份股份合作制企业章程，创办了中国第一家航运包机公司，修建了中国第一条股份制铁路……由此融聚而成的"温州模式"，成为中国民营经济发展的一个经典样板，也使得温州成为改革开放进程中勇立潮头的先锋。这是温州的巨大光芒，也是它为人熟知的原因。

温州开创了中国许多"第一"，但是提起温州的农业，又有多少人知道呢？不用说外地人，就连很多温州人都说不上家乡有什么值得推荐的农产品。温州农业的发展受地形地貌所限，一直都是小、散、乱的格局，"似乎什么都有，但似乎什么都不强"。自2017年起，农业农村部联合九部委遴选、公布了两批中国特色农产品优势区，其中都没有温州的身影。从浙江省内来看，全省现代农业发展早已进入品牌化时代，丽水的"丽水山耕"一马当先，嘉兴的"嘉田四季"、台州的"台九鲜"、衢州的"三衢味"、金华的"金农好好"等紧随其后，成为浙江现代农业发展的一道靓丽风景。而这道风景中，仍难以看到温州的身影。不得不说，这让温州的农人们有些失落。

底气与困境

那么,温州有没有优质农产品呢?

温州地形地貌可概括为"七山二水一分田、三面环山一面海"。被誉为"东南第一山"的雁荡山,以及白云尖、四海山等九大名山,将温州围成"瓯"状。瓯江、飞云江、鳌江等150多条大小江河,顺着这只"瓯",自西向东汇入东海。如此山水形胜,自然孕育了很多有特色的优质农产品:温州蜜柑、温州大黄鱼、雁荡山铁皮石斛、泰顺三杯香茶、平阳黄汤、洞头羊栖菜……

温州地形三面环山一面向海,形似一只"瓯",其中不少农产品历史悠久、屡获殊荣。温州柑橘在唐代已是贡品,后传入日本经过改良成温州蜜柑,是如今我国众多柑橘品种的始祖;雁荡山种植铁皮石斛的历史已逾600年,清代《本草从新》记载:"铁皮石斛,老雁山为上";平阳早在宋代便设有专管茶叶机构,至清乾隆年间制成平阳黄汤茶,被纳入贡品……

然而,受制于规模有限,这些"小而美"的农产品,难以发出强大的市场呼声,难以进入消费者的视野。这也是说起温州的农产品大家似乎没有印象的原因。

经验与挑战

如何攥指成拳、集腋成裘?经验就在眼前。

与温州相邻的丽水市,有着与温州农业发展相似的"小、散、乱"困境。2014年,团队成员参与编制的《丽水市生态精品农产品品牌战略规划》正式发布,作为规划核心内容的"丽水山耕"品牌也随之亮相。这是全国第一个地级市层面全区域、全产业的综合性农产品区域公用品牌,在很大程度上解决了丽水的困境。此后,"丽水模式"成为众多地区开展农业品牌化工作的学习对象。比起丽水,各个产业规模更小的温州农业,更适合这种模式。

"芒种"团队在全国各地创建的综合性农产品区域公用品牌已不下50个。如何在这么多品牌中彰显温州的差异性,是我们面临的巨大挑战。

传承与创新

2019年6月至10月,"芒种"团队开展了大量的产地调研、市场调研、专家访谈、文献整理、头脑风暴,一幅越来越清晰的恢弘画卷开始呈现在我们面前。

如前文所述,温州三面环山一面向海,形似一只"瓯",这是温州简称为"瓯"、温州文化又称"瓯越文化"的缘由之一。这只"瓯"虽然呈现了温州绮丽的山水形胜,却也因为山高路险,在很长一段时间里困住了温州人前进的脚步。因为"瓯"之所困,在温州大地上诞生的"永嘉学派",反对理学、心学的虚谈性命,主张"经世致用、义利并举",强调实践的重要性,这是温州人"敢闯天地间、敢为天下先"的文化渊源;因为"瓯"之所困,温州人格外团结,宗族观念强,具有浓浓的人情味儿,只有这样才能一起冲破困境;也是因为"瓯"之所困,这片土地上的农作才能远离尘嚣,保留纯真品质。

"永嘉学派"是"温州模式"的文化渊源。围绕这只"瓯"，我们将温州农产品区域公用品牌命名为：

瓯越鲜风

"瓯越"是对温州传统文化的传承，"鲜风"是对温州先锋精神的一种延伸。看似简单的四个字，展现了瓯越文化的千年底蕴，发扬了温州大地的先锋精神，描绘了温州物产的鲜美品质，表达了瓯越乡民的故土人情。

基于"瓯越鲜风"的品牌名称，我们又创意了与之对应的品牌口号：

温州敢为天下鲜

这句口号的创意源于温州"敢为天下先"的先锋精神。将"先"替换为"鲜"，一方面继承了温州人敢闯敢拼的先锋精神内核，另一方面表现了温州物产的鲜美品质，也彰显了温州开展农业品牌化工作的自信。

在品牌符号的创意上，我们找到了温州文化的另一个意象表征。相传，温州建城时，有一只白鹿衔花跨城而过，所到之处一片鸟语花香、祥云腾飞，故温州又名"鹿城"。我们将"白鹿衔花"的传说进行符号化的再创意，形成了"瓯越鲜风"的品牌主形象：

瓯越鲜风
Fresh Flavour From WENZHOU

品牌主形象整体是一只昂首挺胸、大步向前的鹿，正在从山海所围的"瓯"中奔向广阔的天地，同时也是"瓯"字的艺术化变体；鹿口衔的枝叶与身边相伴的鱼表现了温州山海皆有产的农作丰富性；"瓯"形又似一轮故乡明月，寄托了广大温州人的故土情怀以及海外游子的思乡之情。我们希望在这只鹿的引领下，温州农业勇往直前，"敢为天下鲜"。

此外，我们基于温州瑞安传承至今的木活字印刷术，创意了一组"瓯越鲜风"的品牌辅助图形。这组图形保留了木活字印刷术的肌理，以及可分可合的组合特色，为"瓯越鲜风"的品牌传播增添了不少趣味。

品牌辅助图形 ▼

高山

海潮

朝云

阳光

田野

白鹿

出乘五马

泰顺廊桥

常规宣传物料、包装示例图

动力与压力

2019年11月22日,在杭州举办的浙江省农业博览会上,温州市农产品区域公用品牌发布会盛大召开。浙江省委常委、温州市市委书记陈伟俊与温州市人民政府市长姚高员,共同为"瓯越鲜风"揭幕,温州下辖各县(市、区)书记皆到场见证。其规格之高,在全国农产品区域公用品牌发布会中极为罕见。

这展现了温州市委、市政府加快农业现代化发展的决心,也展现了温州全市上下对这个品牌所寄予的厚望。这是"瓯越鲜风"前进的不竭动力,却也是巨大压力。

综合性农产品区域公用品牌作为农业品牌化的一种创新路径,仍有许多内容需要探索、探讨。我们在构建"瓯越鲜风"的品牌战略体系时,对全国各地的综合性农产品区域公用品牌建设经验进行了系统梳理,在"瓯越鲜风"的产品架构、传播策略、运营机制等多个方面进行了趋利避害的创新。

规划已然完成,接下来的路,需要温州自己去走。我们相信,这片大地能够在先锋精神的引领下,在农业品牌化浪潮中再领先锋!

江西模式
开启中国农业品牌新时代

文/庄庆超 周叶润

风起云涌的农业品牌化浪潮

进入21世纪以来，中国的农业品牌化发展迅速，品牌实践案例不断涌现，相关理论也在不断丰满。然而，争论与质疑也从未间断。"区域公用品牌如何解决公地灾难问题？""综合性区域公用品牌是否合理？""区域公用品牌该如何运营？""如何权衡区域品牌与企业品牌的利益？"等等问题，不断被提及。

我们作为"农产品区域公用品牌"这一理论的首创者，必须直面这些问题。十余年来，我们创建了近两百个农产品区域公用品牌，上述问题的确或多或少地存在于这些品牌中。但这十余年也是我们不断总结经验与探索创新，不断对农业品牌化理论与实践进行迭代的过程。

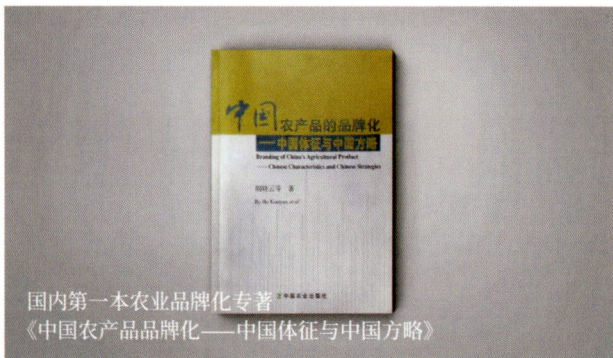

国内第一本农业品牌化专著
《中国农产品品牌化——中国体征与中国方略》

在中国的农业品牌化初期，县级政府是最先"吃螃蟹"的，于是出现了许多"一县一业"的农产品区域公用品牌；而后，地级市政府意识到品牌的重要性，开始探索市级层面的农业品牌化路径，"丽水山耕""天赋河套"等颇具成效也争论不断的案例便诞生于这一时期；省级政府对农业品牌化的反应要缓于县市，但随着2018年重庆"巴味渝珍"的出现，各省级政府纷纷开启了农业品牌化战略布局，"山东放心农产品""广西好嘢""荆楚优品"等省级农产品区域公用品牌陆续出现。

然而，省级农产品区域公用品牌由于覆盖的区域与产业十分广泛，品牌创建的难度相较于县市级呈几何倍数增长，前文所述的区域公用品牌所面临的问题，在省级层面更为严峻。省级区域公用品牌不仅要平衡与企业品牌的关系，还要与各县市区域公用品牌进行博弈；覆盖面更广所带来的监管难度也就更大，避免"公地灾难"出现将变得更为困难；县市级区域公用品牌的运营尚未形成完善的模式，省级区域公用品牌又该如何良好运营……

所以，2019年，经过激烈的公开招投标后，芒种团队获得"江西省农产品品牌总体策划"这一项目时，心情是既激动又忐忑的。激动的是可以用我们的专业力量，为这个农业大省的产业升级贡献自己的力量；忐忑的是，在当下风起云涌的农业品牌化浪潮里，如何为这样一个农业大省构建省级农业品牌化战略？

挺进赣鄱大地

2019年盛夏，怀揣激动与忐忑，芒种团队投入庞大的人力、精力，开展了芒种成立以来历时最久、路程最长、参与人数最多的一次实地调研。我们兵分三路同时挺进赣鄱大地，历时半个多月，走访了江西全部的11个地级市以及具有代表性的57个县区，实地调研了上百个农业特色产业与企业，并深入了解了江西6大文化体系，同时，与江西省农业农村厅所有相关处室都开展了深入访谈。深入全面的调研为团队的品牌规划工作奠定了扎实的基础。

江西地大物博，有着4633万亩耕地、1.6亿亩山地面积、2500万亩水域面积，天时地利带来了极其多元的江西物产。稻米、蔬菜、果业、茶叶、中药材、草地畜牧、水产、油茶等八大产业，自古以来就在这片土地上闪烁光芒。万年贡米、泰和乌鸡、崇仁麻鸡、广昌白莲、万载百合、庐山云雾茶等知名地标产品也印证了江西农业的"物华天宝"。

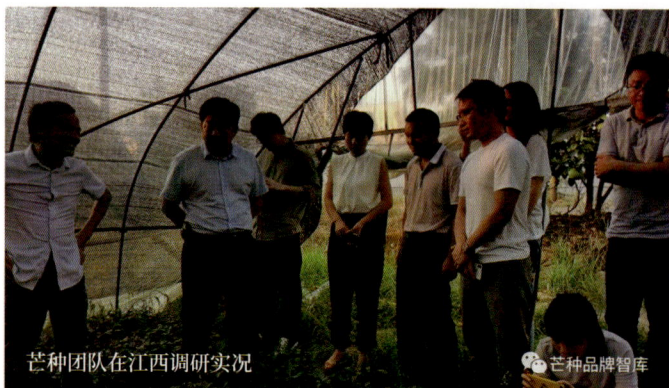

芒种团队在江西调研实况　　　　　　　　　　　　芒种品牌智库

深厚的农业底蕴为江西现代农业的发展打下良好基础。江西省"三品一标"总数一直位居全国前列。2019年，江西省绿色食品数量达916个，有机食品数量415个，这两项均为全国第一。正因如此，江西在2016年即被农业部认定为"全国绿色有机农产品示范基地试点省"，至今仍是全国唯一。同时，江西省省级以上农业产业化龙头企业273家，其中国家级14家，更有着数量极其庞大的农业经营主体。

面对如此多元的物产状态、庞大的经营主体体量，如果以"丽水山耕"这类综合型农产品区域公用品牌的模式作为江西农产品品牌的创建路径，可以预见将面临的困难非同一般，我们过往所遇到的有关区域公用品牌的问题很有可能在江西集中爆发。

江西是共和国的摇篮，先烈们在这片大地上探索出了中国的未来道路。而如今，这个在中国农业版图上同样重要的农业大省，应当探索出一条农产品品牌建设的江西道路，开启中国农业品牌化的新时代。但是，题该如何破？

江西农业品牌化战略的突破口

面对农业品牌化过程中出现的问题，芒种团队一直在探索各种解决路径。自2016年起，我们已经发起、举办了三届"中国农业品牌百县大会"以及两届"中国农业区域公用品牌运营闭门会"，并回访了我们规划的多个品牌，与各路学者、政府、企业共同探讨农业品牌化面临的问题与出路。

2019中国农业品牌百县大会

我们提出"农产品区域公用品牌"这一理论的初心，在于"赋能"二字，即通过政府的力量，整合区域内的产业资源，提升产业效率，同时，以政府的公信力为背书，赋予优质的农业生产主体以及他们生产的产品以消费信任。但在实际执行过程中，很多地方政府滥用了区域公用品牌，出现了泛滥母品牌授权、抢占子品牌资源等现象，造成了生产端与消费端的两头不认可，最终导致区域公用品牌创建工作难以为继。

2019年11月，在第17届全国农交会的一个论坛中，芒种品牌管理机构总经理庄庆超提出，我们要从原来泛滥化的区域公用品牌，向强化认证背书的认证型区域公用品牌转变。这一转变，是芒种团队基于近年来各地在区域公用品牌建设中的实践，以及国际先进经验所提出的一种新的探索，也是在构建江西省级农产品品牌战略过程中的思考。

首先引起我们注意的是浙江省自2014年启动的"浙江制造"工程，其构建了远高于国家标准的"浙江制造"标准体系，并成立"浙江制造"国际认证联盟，对浙江省内全行业的优质产品进行认证背书。2017年，"丽水山耕"的团体标准纳入"浙江制造"标准体系，并对全省优质农产品进行认证背书。在这一启发下，我们进一步研究了国际上诸多区域公用品牌的管理模式，发现认证管理几乎是一种"基本操作"。例如法国红酒的法定产区认证体系（AOC），通过这种认证，既增强了消费信任感，但没有抢占各个酒庄自身的品牌资源，同时还提升了整个红酒产区的影响力，是一种"三赢"。

"浙江制造"的"品字标"与"丽水山耕"的"品字标"

经过芒种专家委员会的多轮讨论，以及与江西省农业农村厅的多次沟通，我们决定围绕"认证"构建起江西省农产品品牌战略体系。

中国农产品品牌建设的江西模式

经过近半年的反复推敲，江西省农产品品牌战略体系的战略框架逐渐清晰，并最终于 2020 年 1 月定稿报送江西省人民政府，获得省委、省政府主要领导的高度认可。

整个战略体系的主要内容，我们简单概括为"一心两翼三足四驱"。

"一心"是整个战略体系的核心，即在省级层面创建一个认证型区域公用品牌。不论是农业部的"绿色食品"，还是浙江省的"浙江制造"，或者法国的"AOC"，这些标识都是对应认证体系的抓手。江西农产品的认证体系也需要这样一个抓手，即省级认证型区域公用品牌。经过多轮讨论与沟通，这个品牌的名称确定为"赣鄱正品"。

"赣"是江西的简称，也代表着江西的母亲河赣江，它是江西的万物之源。"鄱"代表鄱阳湖，这盆长江上的清水，是江西的万物之集。这一"源"一"集"是江西物华天宝、人杰地灵的缩影。"正品"二字则是江西农产品认证体系的重要支撑，表达的是真正来自江西的优质农产品。同时，这两个字也在一定程度上反映了江西这片土地以及江西人民自古有之的正气风貌。

品牌标识 ▼

在品牌主形象的设计上，我们延续了同样的理念。整个标识就像一枚印章，传递出政府认证背书的信任感，在整个认证体系中发挥出"盖章认证"的作用。主体颜色我们选择了红色，以彰显江西作为共和国摇篮的红色魅力。我们延续了江西农产品已经使用多年的品牌口号"生态鄱阳湖，绿色农产品"，并用绿色标注在标识下方，来彰显江西生态绿色的另一面。整体形象简洁大方，具有较高的辨识度。

九大产业标志图形 ▼

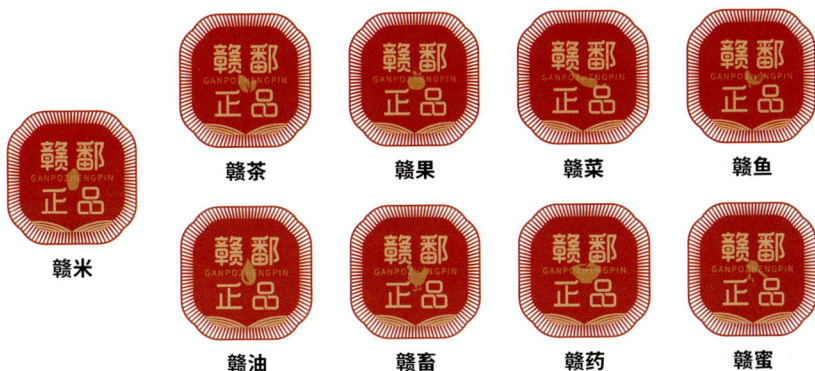

赣米　赣茶　赣果　赣菜　赣鱼

赣油　赣畜　赣药　赣蜜

"赣鄱正品"品牌名称以及品牌形象已经提交国家知识产权局申请商标注册，并且申请注册的不是以往区域公用品牌中常见的集体商标或者地理标志证明商标，而是更具有认证意义的品质证明商标。这在中国农产品品牌建设历程中开创先河，探索出一条品牌管理与商标注册之间更为融洽合理的区域公用品牌新路径。

常规宣传包装、传播示例图

品牌辅助图形其二 ▼

"两翼"是丰满整个品牌架构的两翼，即着力扶持地理标志品牌，并依此形成产品品牌集群。江西一共有 100 个县（区），每个县都有独具特色的地理标志产品，这是江西农产品区别于其他省份的独特之处，也是品牌所需的差异所在，理应是优先进行认证推广的产品，所以要重点扶持实现这些地理标志产品的品牌化。进一步，围绕每一个重点扶持的地理标志品牌，聚拢一批优质的企业产品品牌，形成整个品牌架构的产品支撑和产业集群。这种做法一方面能突出江西农产品的地理差异性，另一方面也在一定程度上避免了以往区域公用品牌授权过程中一家独大的失衡现象。

"三足"是支撑认证体系的三股重要力量，分别是科学化评价、标准化管理和系统化维护。首先利用科学化的评估模型，对江西的农产品品牌进行合理评估，形成江西省农产品品牌目录，进一步制订科学化的认证标准，在目录体系中对相应的品牌产品进行严格认证；其次，针对纳入目录的品牌以及经过认证的产品，要制订标准化的考核管理机制，要有相应的考核要求以及惩戒办法；最后，由农业农村厅牵头，成立由省领导任组长的江西农产品品牌建设领导小组，组建江西农产品品牌建设专家委员会以及江西农产品品牌运营公司，对全省农产品品牌战略形成系统化维护。

"四驱"是驱动品牌提升的四大动力，即产品（Product）、渠道（Place）、传播（Promotion）和模式（Pattern），这是对品牌营销传统"4P"理论的一次改良。"赣鄱正品"将通过产品的一品一爆、渠道的体验引领、传播的集群画像以及模式的典范价值，形成系统的品牌营销策略。

中国农产品品牌建设的江西模式

地理标志品牌	省级认证型区域公用品牌			产品品牌集群
	科学化评价	标准化管理	系统化维护	
	产品	渠道	传播	模式

江西省农产品品牌战略体系的"一心两翼三足四驱"

"一心两翼三足四驱"构建起江西农产品品牌战略体系，也形成了中国农产品品牌建设的江西模式。这个模式的关键在于以认证体系为核心，强化政府的背书作用，减少了与各县市区域公用品牌、各企业产品品牌等子品牌的冲突；严格的认证体系与监管考核也抬高了品牌授权门槛，降低了公地灾难出现的可能性；在品牌运营上，通过品牌领导小组、品牌专家委员会以及品牌运营公司的"三权分立"，大大简化了政府在其中的工作内容。政府未来的工作主要集中在两方面：一是宣传推广，进行消费者教育，引导消费者认知、认可"赣鄱正品"这一江西优质农产品的认证标识；二是认证管理，制订认证标准，认证好产品，并进行有效监管，其余的大部分工作，都可以交给市场。

总的来说，江西模式清晰地界定了区域公用品牌的内容边界与功能边界，做到了"有所取有所不取"，"有所为有所不为"，没有滥用公权，也没有抢占私权，这对今后各地的区域品牌建设具有良好的借鉴意义。

回望来时路

芒种团队在江西的探索，将这些年我们对区域公用品牌战略体系、运营管理、营销策略等方面的全新思考都融入其中，是对近年我们在各地发现问题、总结经验、探索创新后的一次集大成，也是我们在农业品牌化道路上的一座里程碑。

回望这十多年的探索，我们的初心一直未曾改变。我们始终秉持浙大人的"求是·创新"精神，在农业品牌化大地上深耕细作，树木成果。江西模式是又一次播种，"赣鄱正品"是一颗新的硕果。

回想 2019 年的盛夏，赣鄱大地上的骄阳与洒下的汗水，我们记忆犹新；那半年中无数次专业上的交锋与行政上的博弈，我们也记忆深刻；而后因为疫情而暂停的艰难以及延期近一年后的精彩亮相，我们都历历在目。我们对这片土地已倾注深情，并充满期许。我们期待，我们祝福，勤劳实干的江西农人，以此江西模式，开启中国农业品牌化的新时代！

文化经典在农业语境中的现代表达

济宁农产品区域公用品牌创意解读

文/茅嘉豪

农产品区域公用品牌作为区域内相关机构、企业、农户所共有的品牌,势必具备鲜明的区域特征,承担着促进区域产品与区域形象共同发展的功能。当文化经典成为最重要的区域特征时,区域公用品牌应如何创建?通过济宁市农产品区域公用品牌的实践经验,让我们共同探讨传统文化对现代农业的启示作用。

时代、市场与政策:农业变革的信号

随着社会生产力的提升,近年来我国农业发展取得了巨大飞跃,各大农业产业蓬勃发展,逐步从过去的极度短缺过渡到供需平衡,乃至产品过剩。充裕的产能促成了买方市场的形成,农业产业不可避免地面临市场饱和、产品滞销的现象。与此同时,在具备一定经济水平后,越来越多消费者在解决温饱之余,开始进一步追求更高品质、更有特色的农产品。产销两端的变化,使农业品牌快速兴起,在市场上表现不俗,我国农业至此迈入品牌经济时代。

然而，品牌建设具有专业性强、投入大、周期长、见效慢的特点，大部分农业经营主体缺乏相应的理论支持与经济基础，在创建、运营品牌的过程中困难重重。另一方面，农产品因其生产特征，具有鲜明的区域性特点，是一方水土的最好代言，由此以"丽水山耕"为代表的农产品区域公用品牌应运而生。区域公用品牌将小、散的农业经营主体进行整合，聚沙成塔，共同应对市场变化，对于提升区域农业效益、促进产业升级都有着显著作用。

来自时代、市场与政策的变化，无不在释放出农业变革的信号，农产品区域公用品牌的建设正当其时。在此浪潮中，济宁市委、市政府亦开启了农业品牌化的探索之路：济宁市级财政每年列支资金扶持"三品一标"认证，通过财政与政策支持全面推进各区县农产品品牌建设；济宁市农业局积极寻求外部智力支持，于2017年7月委托芒种品牌管理机构编制品牌规划，试图通过区域公用品牌整合全域农业资源，为济宁市域内的所有优秀农产品提供品质背书。

文化特征提炼 构筑品牌核心

济宁市地处山东省西南部，境内地貌复杂，山、湖、平原、丘陵均有分布。青山绿野、碧玉湖泊，济宁拥有北方罕见的秀丽景象，更因此孕育了丰富的自然资源，多元的物产在这片乐土上共同和谐生长。优异的生态环境之外，济宁市深厚的文化底蕴更散发着独特光彩。作为孔孟故里、儒家文化的重要发祥地，济宁几千年来一直在儒家文化的支持下不断发展，儒家文化已经融入城市血脉，成为济宁区别于其他地区的重要标志。正是受儒家文化影响，济宁人学会更好地保护气候、适应地貌，为多元物产的生长提供了物质基础。

因此，在品牌建设的过程中，"儒"是济宁不可舍弃的文化元素。这既是利好，又是难点：一方面，"儒"在全国乃至世界范围内都有极高认知度，济宁农产品区域公用品牌的发展道路早已被指明；另一方面，"儒"作为传承久远的经典文化，长久以来在国人心中形成了既有印象，具有浓厚稳重的文化气质，与现代农产品的链接较弱。

如何将"儒"与农业结合，是品牌建设亟待解决的关键问题。带着这个问题，项目组在调研过程中发现，儒家文化经过千余年的传承发展历久弥新，时时刻刻规范着济宁人的言行举止，引导着济宁人顺应天时、因地制宜。济宁农人在进行农业生产的过程中，自发地依循儒家精神，真诚耕作。可以说，每一个济宁农人都是儒家文化的继承者和践行者，每一份济宁农产都是浸染着儒家智慧蓬勃生长的。

由此，项目组将济宁独特的农业发展模式概况为：儒家经典农耕模式，即儒耕模式。这是一种以儒家经典作为精神内核，依循传统农耕智慧及现代科学规律，指导农业生产的农耕模式。该模式的核心在于倡导农业道德，回归匠心务农，力求形成天地人和、万物和生的农耕环境。以文化规范行为，以道德保障品质，儒家文化是济宁农业的重要精神内核，也是品牌构建的战略核心。

济宁孔府

基于战略核心的现代表达

确定了品牌的战略核心后，需要进一步思考如何将其对接消费者。儒家文化自春秋战国之际发源，经历过秦时的焚书坑儒、汉代的独尊儒术、宋朝的理学兴盛，乃至五四时期传统文化空前受挫、现代新儒学的思潮萌发，几千年来起起落落，随着时代发展不断传承演变。在此过程中，儒家文化逐渐深入国民心智，成为最能代表中国正统的文化。我国作为"礼仪之邦"的国家形象，山东省提出的"好客山东"这一省级形象，实际上都离不开儒家文化的影响，而这两大形象也是对儒家文化的最好注解，能为济宁农产品提供强大背书。由此，项目组结合济宁文化与国家、山东的大平台，从中提炼出济宁农产品区域公用品牌的创意核心——"礼"。

"礼"在中国文化中具有多重含义：可指"礼制"，代表着制度、规范；亦是"礼节"，代表着尊重、敬爱；还是"礼物"，代表着馈赠、给予。进一步将其与农产品产生更深的链接，课题组提出"礼飨"的概念，最终确定了济宁农产品区域公用品牌的品牌名称：

济宁礼飨

"礼飨"一词最早出自《后汉书》，意指"以礼宴饮宾客"，能够表明济宁农产品的优异品质和丰富品类，同时通过与"理想"的谐音，传递了济宁人不断进取、臻于完善的品牌理念。"济宁礼飨"既传达了品牌农产品来自济宁的区域特征，亦表现了作为农产品的品类特征，更为重要的是彰显了济宁的儒家文化以及济宁人对理想生活的追求。品牌产品将定位中高端消费者群体，将每一份农作出产都视为宴请用品，精耕细作、匠心呵护，不断追求更好更完美的农作产品，使之成为济宁人送给世界的礼物。

为助力消费认知，对"礼飨"一词进行阐述补充，基于品牌名称和济宁市的农业产业资源，提炼济宁市农产品区域公用品牌的品牌口号：

济宁礼，天下享

该品牌口号一方面是作为对品牌名称的补充解释，另一方面也将济宁人热情好客的处世态度与当仁不让的品牌自信传递给消费者，引起消费共鸣。

儒　　　粮食　　　筷子　　　盘子

基于品牌价值，创意"济宁礼飨"的系列品牌形象。项目组从济宁市最重要的差异价值"儒"及与农产品密切相关的粮食、筷子和盘子中提炼出符号象征，结合代表正统中国文化的红色、黑色组合的符号色彩，创意品牌主形象。在表现农产品特点的同时，也将济宁的文化内核融入其间，表现正统文化传承、放心农作品质，总体形象简洁大方，且具有较高的差异性与识别度。

品牌标识 ▼

济宁礼飨

济宁礼 天下享

确立品牌主形象后，项目组进一步构建辅助图形，以丰满系列包装、宣传物料以及相关衍生品的视觉形象。品牌辅助形象采用"圣人论道"的意象，参考汉碑中的表现手法，将济宁市丰富的物产集中展现。基于此，进一步形成品牌识别性和立体传播价值，例如产品包装、常规宣传物料、常规衍生品等。

品牌辅助图形 ▼

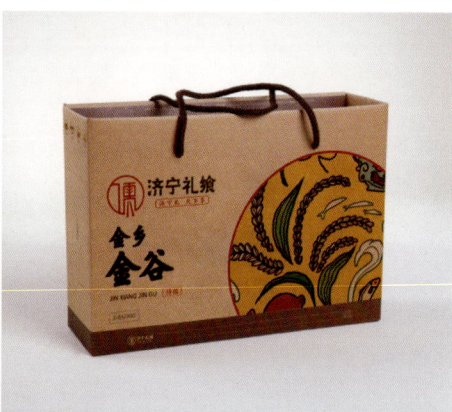

常规包装、宣传物料示例图

惊艳亮相京城 拉开品牌运营序幕

2017年9月21日，由济宁市人民政府主办的"济宁礼飨"农产品区域公用品牌品牌发布会在全国农展馆举行，全新的品牌形象惊艳亮相京城，赢得众多好评。此次发布会是"济宁礼飨"诞生以来的首秀，在未来的品牌运营中，将通过模式引领和品牌助推双轮驱动，依次实践"5+5"10个农业发展新思路，实现产销两端互动、线上线下互通，构建立体的品牌传播体系。

"济宁礼飨"作为覆盖济宁市全域的农产品区域公用品牌，承载着富裕一方百姓、助力区域经济腾飞的希望，也是文化经典为农业产业注入动力的重要实践。衷心祝愿济宁农业借此焕发全新生命力，高速发展，不断超越！

"济宁礼飨"发布会现场

黄冈食卷
实现区域认知的价值转换

文/贺梦晗

　　黄冈，这个城市名大家一定不会陌生，学生时代的"黄冈试卷"是大多数人对这座城市的深刻印象。当走近这座城市，我们才了解，除了那些教育上的固有印象外，黄冈还有着非常精彩的内在底蕴。作为湖北省东大门，黄冈依偎着大别山，孕育了近80件地标农产品，但在"教育圣地"的盛名之下，其农产品的品牌之誉仍有待提升。芒种品牌管理机构塑造的"黄冈食卷"品牌，借力几代人对"黄冈试卷"的青春记忆，来实现消费者从黄冈区域认知到黄冈农业认知的价值转换。希望以此让大家领略到，在黄冈这块精彩的土地上，除了"试卷"之外，还有一份美妙的"食卷"。

品牌标识 ▼

满分 黄冈食卷
Huanggang Specialties

　　在我国辽阔的土地上，很多地方，尤其是地形复杂多样、气候千姿百态的地区，常常会出产令人惊喜的缤纷物产。坐拥216公里长江岸线，背靠800公里大别山，被大自然格外优待的黄冈诞生了近80个特色地理标志产品，居湖北省之最。地理标志产品是一类具有鲜明区域特征，由特定区域的自然因素与人文因素共同孕育的产品，是衡量一个地区物产富饶的重要指标。黄冈之所以诞生了这么多地标产品，主要源于以下四"卷"。

1.风景宜人的山水画卷

黄冈地处大别山南麓,森林覆盖率超过43%,空气富含负氧离子,鲜有工业污染,生物资源种类极为丰富;发源于大别山脉的倒水、举水、巴水、浠水、蕲水和华阳河等六大水系,自北向南流经黄冈汇入长江;四季光热界线分明,属江淮小气候区;坐拥5座国家级森林公园、6座省级森林公园、7座国家级湿地公园,黄冈大地呈现一幅风景宜人的山水画卷。

2.巍峨壮丽的历史长卷

黄冈建置历史2000多年,自新石器以来,黄冈本土的三苗文化,中原的仰韶文化,西部的大溪文化,长江中下游的崧泽文化、良渚文化和吴越原始文化等东南西北的各文化交汇碰撞,造就了黄冈文化的"多元交融性",也成就了诸多名人大家。解放战争时期,这块红色的土地上,更谱写了中原突围千里跃进大别山等新的历史篇章。巍峨壮丽的历史长卷中,历代先贤的精神影响着黄冈赤子去进取、奉献!

3.精才荟萃的诗意书卷

古往今来,流连黄冈美味的文人墨客不知凡几。李时珍《本草纲目》中百分之八十的植物标本来自于黄冈的罗田,茶圣陆羽的《茶经》记载了英山云雾茶的风味,南宋诗人杨万里形容罗田甜柿"冻熟千颗蜜,尚带二林霜";爱国诗人闻一多赞誉巴河莲藕"心较比干多一窍,貌若西子胜三分";苏轼文学成就最高的一词二赋(《念奴娇·大江东去》《赤壁赋》《后赤壁赋》)均是在黄冈写就,他也屡屡写诗赞叹黄冈美味"长江绕郭知鱼美,好竹连山觉笋香"……精彩荟萃的诗意书卷,将黄冈的美味通过诗词歌赋、故事传说讲述给消费者,传递黄冈文化美味并存的双重吸引力。

4.活色生香的物产食卷

得益于黄冈农人的潜心守护与黄冈绿水青山的依旧如初,我们如今依然可以品尝到古人诗词之间的独特美味。黄州萝卜水分足,透心甜;散花藜蒿芳香宜人,脆而不烂;巴河莲藕洁白似雪,久煨不化;罗田板栗果肉脆嫩,香甜可口;红安苕少粉多糖,温软醇香;老君眉茶色泽翠绿,浓醇甘爽;茅山螃蟹个大肥壮,黄多味美……一件件历久弥香的道地农味,构成了一幅活色生香的物产食卷。

价值：借力认知塑认知

在我国300多个地级市中，黄冈是具有较高知名度的一个。这种知名度很大程度源自上世纪80年代起，以黄冈中学为代表的黄冈教育体系取得的一系列重大成绩，随后《黄冈试卷》《黄冈题库》等参考书风靡全国，成为几代人心中难忘的印记。这种难忘在如今信息爆炸又碎片化的市场环境中，是一种不可多得的宝贵财富。

芒种团队在制订黄冈农产品的品牌战略时，思考的是如何借助大众对黄冈的已有认知，结合农产品属性，并进一步融入黄冈在教育之外的其他内涵。经过反复讨论，我们最终将黄冈农产品区域公用品牌的品牌名称命名为：

黄冈食卷

　　黄冈人才的形成深受这方水土的禀赋资源与历史文化影响,自然而然,此地出产的农作物也带有浓郁文化基因,"黄冈食卷"包含给予学子强健体魄与优质学习成绩的祝福。品牌名趣味性较强,记忆度高,拥有较强延展性与传播性,且具有独占性优势。

　　"黄冈食卷"易懂易记,是在"黄冈试卷"这一大众认知的基础上进行了延伸。将这一幅"食卷"展开,就是上文讲的"四卷":风景宜人的山水画卷、巍峨壮丽的历史长卷、精才荟萃的诗意书卷、活色生香的物产食卷,这也成为"黄冈食卷"的四个价值支撑。通俗易懂的品牌名称天生带有较强的延展性与传播性,非常利于品牌后期营销推广。接下来,在品牌口号的创意上,我们在结合大众认知的基础上更上一层楼,既要与品牌名称一脉相承,又要表达黄冈的农品品质、地域特色,并希望与消费者产生情感互动。最终,我们将品牌口号提炼为:黄冈食卷,满分!

　　口号传递出黄冈人对于自身农产品的充分自信,黄冈农产品安全、美味,能带给消费者美好的饮食体验。

山　　水　　书卷　　字形

品牌logo是一幅书卷进行延展,远看书卷青山连连,近处是滚滚长江水卷起的千层浪花,山水之间藏着抽象的"食"字,展现了风景宜人的生态山水之景,卷底的红色则是蕴藏黄冈的红色文化基因。整体形象大方自然,寓意深远。

品牌标识 ▼

辅助图形将黄冈的特产、环境、人文组成了一幅吃货真题,给人强烈的视觉冲击力,趣味性足。包装设计结合书卷的形式,从辅助图形上掀起一角来表现物产,区分不同类别的产品,表现形式新颖,差异性强。

常规包装、宣传物料示例图

传播：借势造势

一个新品牌诞生，要获得消费客户，首先要获得流量与消费关注。"黄冈食卷"品牌前期的传播策略就是借"黄冈试卷"的势，造"黄冈食卷"的势。聚焦客户群体，让"黄冈试卷"的共鸣成为引爆点，以新奇、有趣的方式，让消费者记住新品牌。

比如芒种团队设计"黄冈市2019年A级吃货认证考试"试卷，设置山水题、历史题、诗书题、物产题，分别展示黄冈农物生长环境的特殊性、众多千年物产的千秋故事、文人墨客对黄冈农物的赞誉诗句、各区县中活色生香的特殊农味。

当消费者对于黄冈食卷品牌已有较深印象，之后的传播重点转移至沉淀品牌，着重产品与文化的延伸，积累客户。比如根据消费需求与黄冈农物特性，推出不同系列"食卷"，满足个性化与多样化需求；对黄冈的物产文化进行深度挖掘，将食卷升级为书卷，做到真正品牌文化的积淀。 2019年9月28日，2019大别山（黄冈）地标优品博览会暨第二届文化美食节在湖北黄冈举行，"黄冈食卷"品牌在全国500多位客商面前隆重亮相。博览会特设黄冈市农产品区域公用品牌展区，亮相全新包装产品，展出了巨幅吃货真题试卷，试卷与食卷的趣味结合吸引了不少参观者，品牌获得欢迎与认同。

发布会后，"黄冈食卷"频频亮相各大展会，广州农博会、惠州农博会、武汉农博会……在武汉农博会上，黄冈市副市长余友斌于开幕式上隆重推介"黄冈食卷"品牌，三天的品牌会展吸引了很多武汉及各地企业来参观咨询。除了线下宣传推介，黄冈也不断借助网络平台传播品牌、销售产品。2020年春节之际，"黄冈食卷"品牌运营单位特意推出"黄冈食卷"定制养生礼盒，并在黄冈地标优品扶贫馆上线。健康食品与文创产品结合的养生"食卷"一经推出，立即受到消费者喜爱，不少消费者上传抖音、微博等自媒体进行自发的品牌传播。

"黄冈食卷"寄托了黄冈市政府及农人的殷切期盼，要为黄冈优质农品背书，实现品牌价值。《2020年黄冈政府工作报告》中，特别提到"建立质量管理和产品溯源体系，将'黄冈食卷'打造成高价值品牌"。湖北省知识产权局局长彭泉亦表示，"黄冈食卷"品牌必将助推黄冈地标优品做强做大，建议探索黄冈品牌培育发展机制，推进农产品品牌转化。希望"黄冈食卷"，不负使命。

古人云"开卷有益"。"黄冈食卷"如今已经开启，希望这一"卷"能够让大家看到黄冈的别样精彩，也希望这一"卷"能够在未来对更多人有益。

湘西香伴
让神秘湘西不再神秘

文/周叶润

———————

在神州大地的中部，坐落着一道武陵山脉，天神在这里劈上了一刀，劈出了十万大山，后人在这里繁衍生息，有了勤劳淳朴的人民，有了绚烂多彩的文化，更有了一个独一无二的地方——湘西土家族苗族自治州。

这里有壮美的秘境。中国大地上的武陵山脉之中，隐藏着湘西的十万群山，它们看似没有差异，大自然却已经为每一座山头刻上了独特的印记。个中最著名的莫过于"德夯"，苗文中意思为"美丽的峡谷"，也被称作"天凿奇峡"。

这里也有着动人的音符。土家族的"打溜子"、茅古斯舞，苗族的鼓舞、"咚咚喹"，湘西特色的傩堂戏、辰河高腔、花灯戏等各色民族戏剧在这里悉数登台，共同演奏了一曲各民族和谐、传统与现代交融的湘西特色交响乐。

大自然对湘西是如此慷慨，绿水青山之间，湘西更是土壤富硒带、微生物发酵带、植物群落亚麻酸带的交集区，加之独特的气候、肥沃的土壤，大自然给这片土地带来了丰厚馈赠——古丈毛尖、保靖黄金茶、湘西黑猪、湘西黄牛、湘西柑橘、湘西猕猴桃、龙山百合等特色农产品给这个时代增添着独特光彩。

湘西的崇山峻岭，让这里与外面的世界形成了一个天然的屏障，为湘西蒙上了一层神秘的面纱，湘西的精彩难以被世人知悉。而今天，我们将通过湘西农产品区域公用品牌，让世界认识神秘湘西的别样精彩。

价值体系
构建产品与消费者的双向链接

当前社会发展迅速，人民生活水平蒸蒸日上，但同时也暴露出一部分社会发展弊端，比如近年来的环境污染与食品安全问题，关系着每一个人的生活。我们认为在这样的社会背景之下，湘西州的绿水青山与安心物产，是湘西的价值所在，更是湘西对于这个时代的责任所在。

为将湘西农业价值与消费者相链接，我们提出了"相惜相伴"这一概念，来阐述湘西绿水青山、安心物产与消费者之间的双向关联：当代的消费者应当珍惜湘西州为这个时代所守护的绿水青山和安心物产，湘西也应当珍惜这个奉行"绿水青山就是金山银山"理念的时代，唯有互相珍惜，才能有更长久的相伴。

基于以上对市场背景的分析，凸显湘西农业价值与生态价值，确定湘西农产品区域公用品牌名称为：

湘西香伴

将湘西农产品区域公用品牌命名为"湘西香伴"，具有三重意义。一为体现湘西农产责任，"湘西香伴"是湘西给出的农产承诺，湘西的优质安心农产，将会一直陪伴在每一位消费者身边；二为体现湘西生态责任，湘西在发展过程中，将会一直守护湘西的优越生态，湘西的绿水青山，将与所有人"相惜相伴"；三为体现湘西时代责任，无论这个时代如何变化，260万湘西人民依旧会坚守初心，用优越生态与优质农物，回馈给这个时代。

湘西农产品区域公用品牌主口号的创意，在凸显湘西差异价值的同时，也将"湘西香伴"这一品牌的内涵进一步深化，创意品牌口号为：

绿水青山，湘西香伴

品牌口号构建了湘西地理条件与湘西农产品的深层链接，正是在这一片以武陵山、酉水为代表的湘西青山绿水之中，湘西优质农产品才得以问世。绿水青山，是"湘西香伴"的基础条件。

以"绿水青山，湘西相伴"的内在含义，也传达了湘西的生态承诺：在未来的发展过程中，湘西将依旧与自然和谐相处，让美好的绿水青山，一直与世界人民相伴。借助"绿水青山，相惜相伴"的内在含义，传达了湘西的美好时代愿景：绿水青山就是金山银山，希望每一个城市都能真正落实经济发展与生态保护并行的政策，让绿水青山与每一个人都相惜相伴。

接下去，我们基于所提炼的品牌价值基础，针对湘西农产品自身特色，结合"湘西香伴"的品牌核心价值，通过多角度的湘西农业价值解读，来丰富"湘西香伴"的品牌内涵。并将湘西州农产品价值基础转化为消费语言，形成湘西农产品区域公用品牌价值支撑：

一心质朴，湘西香伴

原生态的湘西农物，如同这片土地上质朴的农人，生于土地，敬仰土地。

十足风情，湘西香伴

别致独特的湘西物产，如同湘西特色的民族文化，风情十足，魅力恒生。

百分美味，湘西香伴

品质上乘的湘西美味，如同湘西的一切景色，美轮美奂，一眼难忘。

千里沃野，湘西香伴

缤纷多彩的湘西农产，向时代述说着这片土地的青山绿水，沃野千里。

符号体系
人文价值与生态价值的双重表达

在品牌主形象的设计上，我们将湘西代表性元素符号"银项圈"和"牛角"融合为环抱状，似灿烂的笑容，又似热情张开的双臂，借以表现湘西人民的热情与好客；在细部纹路上，将最具湘西代表的土家四十八勾和苗族蝴蝶纹点缀其中，表现湘西的民族文化特色。

品牌标识与辅助图形 ▼

　　品牌主形象整体运用蓝绿色调，蓝色凸显湘西农产品的安全、优质；绿色凸显湘西青山绿水的原生态自然环境。整体形象寓意着热情好客的湘西土家族苗族儿女，把大山深处孕育的天然、绿色、有机农产品带给世界。

　　在品牌辅助图形设计方面，基于湘西人文价值与生态价值，我们创造了一幅云雾缭绕、风情十足、人与自然和谐相处的武陵仙境画卷，以极具少数民族风情的多彩艺术形式进行呈现，引发消费者的美好想象。

同时基于湘西独特的苗族与土家族特色元素，我们以苗绣和西兰卡普作为表现方式，融合进品牌元素，形成风情十足的品牌符号，更多应用于旅游商品、文创产品系列。

品牌辅助图形 2 ▼

针对湘西各产业，我们基于湘西独特的苗族与土家族劳作场景，将各产业进行符号化差异化表达，以应用于各产业产品品牌包装上，为各产品带来更明晰的个性价值。

品牌辅助图形 3 ▼

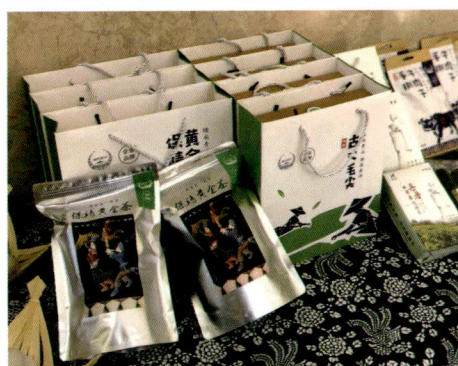

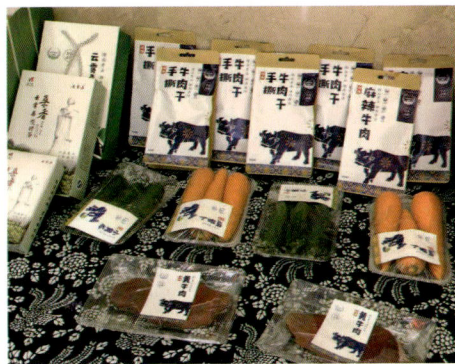

品牌亮相
走出武陵山区
走进千家万户

2019年9月6日下午,湘西土家族苗族自治州特色农产品扶贫专场推介暨农业招商引资活动——湘西州客商恳谈会暨产销对接、农业招商引资签约仪式在吉首市举行。来自全国各地的300多家客商、100多家湘西生产代表和30多家新闻媒体参加活动。

在这一大会上,湘西农产品区域公用品牌"湘西香伴"正式发布,迈出了品牌亮相的第一步,我们相信在不久的将来,"湘西香伴"将会与越来越多的消费者互相珍惜、互相陪伴,从武陵山区走向千家万户。

巴味渝珍
于山河之间, 见重庆风骨

文/李闯

———————

  重庆, 中国面积最大的直辖市, 也是最年轻的直辖市。日新月异的发展和多彩炫目的城市风光使其成为一座令无数人向往的城市。多年来, 重庆每年的旅游总人次领跑全国各大城市, 在"雾都""3D魔幻""火锅之都""桥梁之都"等各种标签下, 重庆无疑是当下的"网红"之城。与此同时, 我们也应当看到重庆的另一面, 那就是她蕴藏着丰富多样农产品的广阔乡村。不同于京津沪, 重庆是大城市与大农村的结合体, 农业在全市的发展中占据极其重要的地位。

  在农业品牌化逐渐成为国家战略的大背景下, 中国农业品牌建设不断深入, 农产品区域公用品牌在融合"一二三"产乃至文化创意产业、促进农民增收致富等方面的作用日益凸显。作为中国西南地区中心城市, 重庆农业品牌化对西部农业甚至整个川渝地区经济的辐射、带动作用, 都具有国家战略层面上的意义。因此, 重庆市农产品区域公用品牌的打造成为一件极富探索价值的民生大事。

追寻这座城市的记忆

每个城市都有属于自己的记忆,隐藏着这座城市的风骨和精神。那个炽热的夏天,规划团队成员在重庆的山山水水间行走,在有关重庆的字里行间里徜徉,近距离体验重庆的风土人情和地道农产品。

亿万年前的板块运动使原本平坦的西南地区地形发生巨变,最终发育成了数十条几乎平行的山脉、山岭,如同大地的琴弦分布在现今的重庆地域上。重庆的"大山"由此成形。北部有大巴山、巫山,南部有武陵山、大娄山,连绵群山形成了这座城市的骨架。

山的阻隔使水成了这里与外面沟通的"血脉"。丰沛降水汇聚的无数涓涓细流与来自西部高原雪山的雪水汇聚,日渐壮大,终成江河。数百万年来,以巫山为分水岭,一条古长江自西向东流向江汉盆地,一条古川江自东向西流向四川盆地,两江不断冲刷侵蚀巫山山岭,终于在某一刻相遇,融为一体。巫山被打通,古川江与古长江汇流,一同浩浩荡荡奔涌向东,"大川"由此成形。

"大山大川"成为重庆最具标志性的地形特征。险峻的地势使这里成为历代兵家所争之重镇,造就了这座城市波澜壮阔的古代史和近代史。在抗日战争时期,重庆成为战时陪都,是中国抗战大后方的政治、军事、经济与文化中心,是抗日民族统一战线的政治舞台,也是世界反法西斯战争远东指挥中心,在第二次世界大战中发挥了无可取代的作用。

当历史的年轮行走至今日,重庆的国际化大都市气质日渐显现。在重庆,既可以看高楼林立、霓虹璀璨的都市繁华,又可以观乡村纵横捭阖、自然造化的地形地貌。重庆俨然成为中国最具人气的大都市之一。都市的气韵里,既有川剧艺术家们的满堂彩,也有正宗的老底子九宫格。火锅店里,自然少不了一盘盘来自重庆各区县的地道农产品:丰都的牛肉、武隆的羊肉、潼南的萝卜、江津的花椒、涪陵的榨菜……还有一道道果盘:梁平柚、庆隆梨、奉节脐橙、沧州西瓜……

捕捉这座城市的气韵

每个城市都在漫长的历史进程中形成了独特的气质和底蕴,重庆亦如是。只有亲临这座城市,才能真正感受到这座城市的魅力。重庆的山水、重庆的历史、重庆的美食、重庆的物产、重庆人的性格,让她注定成为一座无与伦比的城市。

重庆的区域特征鲜明地体现为四个方面:

地理上:大山大水,大开大合;

文化上:波澜壮阔,多姿多彩;

性格上:耿直火爆,坚韧不屈;

饮食上:钟情火锅,滋味浓郁。

更进一步地探寻农产品与这片土地的地理环境、文脉特征、生活方式和餐饮特色的内在链接,规划团队提炼出品牌的四大价值支撑:

山河手笔——巴味渝珍,重庆山河的手笔

没有一个城市像重庆这样,群山叠嶂,江河遍布。山地丘陵占全区面积的98%。大开大合的高山大川是重庆人生活的场所,也是重庆农产品的产地。巴味渝珍,是重庆山河的手笔!

文脉渲染——巴味渝珍，重庆文脉的渲染

没有一个城市像重庆这样，文脉别样：巴国文明，战时陪都，红色基地，西部引擎。民族多样，文化多元。波澜壮阔的历史在这片神奇的热土上演。巴味渝珍，是重庆文脉的渲染！

生活印记——巴味渝珍，重庆生活的印记

没有一个城市像重庆这样，将日常生活演绎成传奇。棒棒军，川江号子，朝天门，穿楼轻轨，魔幻立交……当然，最不能少的是那一锅麻辣鲜香的重庆火锅！巴味渝珍，是重庆生活的印记！

滋味映像——巴味渝珍，重庆滋味的映像

没有一个城市像重庆这样，有如此丰富的特色农产，却隐匿在都市耀眼的光环下。农人的勤劳智慧与山地立体气候的结合，孕育了重庆农产品的万千滋味。巴味渝珍，是重庆滋味的映像！

这座城市气韵的方方面面无不凝结为一个核心概念，那就是重庆生活方式的浓墨重彩！大山大水的鬼斧神工是自然环境上的浓墨重彩；自尚勇巴国到三国风云，从战时陪都到最年轻的直辖市，呈现的是历史文脉上的浓墨重彩；脾气火爆、直言快语、吃苦耐劳、坚韧不屈是性格上的浓墨重彩；重庆火锅荟萃万千精彩食材，容纳百般浓郁滋味，且拥有最热烈的食用环境，是饮食文化上的浓墨重彩。

因此，规划团队将重庆市农产品区域公用品牌的品牌核心价值确定为：

浓墨重彩

描摹这座城市的映像

重庆古有巴国文明,从商周至战国,延续八百年。"巴"成为重庆的一个重要的文化符号。嘉陵江下游古称渝水,隋朝始设渝州,是重庆简称"渝"的来历,并为今天所沿用。因此,规划团队以"巴""渝"为区域公用品牌的地域指代,以规避用重庆作为品牌名称词汇带来的商标注册风险,并结合农产品的特征,确立品牌名称为:

巴味渝珍

"巴味"传达的是重庆人独有的人生况味,"渝珍"传达的是重庆农产品的山珍百味,二者的融合实现了重庆人的人生观、价值观与重庆农产品的丰富性、珍稀性的统一。同时,基于品牌核心价值,结合重庆火锅餐饮围坐一起、酣畅淋漓享用的消费特征,传达人生恣意畅快的消费体验,规划团队最终提炼"巴味渝珍"的品牌口号为:

活得浓墨重彩,吃得淋漓痛快

"活得浓墨重彩"在表达重庆自然环境、历史文脉、生活方式、饮食文化的同时,还向消费者传达一种积极的价值观与人生观;"吃得淋漓痛快"更是在表达重庆丰富多样农产品以及麻辣鲜香饮食方式的同时,向消费者传达一种无需担心食品安全、只管尽情享用的消费体验。

"巴味渝珍"品牌主形象从古老的巴渝文化符号"手心纹"中汲取灵感,取"得心应手"之意,隐喻消费者挑选重庆品牌农产品时的选择多样性、品质安全性、体验舒适性和消费愉悦性。品牌主形象的下半部分以一片叶子形状的图形,表明品牌的农产品类别属性。上下两个部分通过变形和组合,构成一个"巴"字,传达品牌的区域背书。在色彩上,品牌主形象突破常规,大胆采用红配绿的配色,既和谐醒目,又独树一帜,具有极强的视觉冲击力和传播力,与品牌核心价值、品牌口号的精神内核一脉相承。品牌名称的字体来自王羲之碑帖汲字,圆润典雅。整体形象虚实相融,兼有具象的识别度与丰富的想象空间,同时简约大方,便于传播记忆。

品牌标识 ▼

为传达浓墨重彩和淋漓痛快的气韵和情景,品牌口号的符号设计采用了浓厚张扬的笔刷体,豪放快意。

为凸显视觉差异、丰富品牌形象、传达品牌联想、增强消费认知,规划团队为其创制了一套辅助形象,用以丰富产品系列包装、宣传物料及相关传播衍生品的视觉效果。

首先是价值支撑图形,以品牌四大价值支撑——山河手笔、文脉渲染、生活印记、滋味印象为基础,呈现重庆市农产品区域公用品牌的区域特征和差异化价值。

品牌价值支撑 ▼

  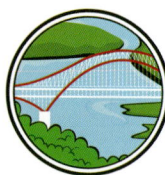 

山河手笔　　　文脉渲染　　　生活印记　　　滋味映像

品牌辅助图形 1 ▼

涪陵榨菜 / 时令蔬菜　　草食畜牧 / 荣昌生猪　　粮油

 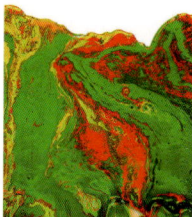 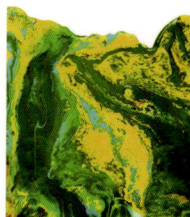

精品水果　　　　生态渔业　　　　麻辣调味　　　道地药材 / 优选茶叶

 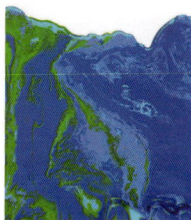 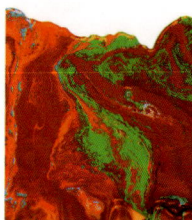 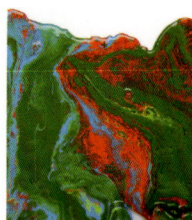

　　其次是传播辅助图形,分为两组:其一以重庆市地图为轮廓,缀以重庆的地形图案和地标建筑,表达产地来源,展现区域背书。其二是用各种色彩的丙烯以泼墨的手法呼应品牌"浓墨重彩"核心价值与品牌口号,创制品牌传播辅助图形,以更具艺术化的气质呼应重庆的开放气度和国际化风格。通过对不同色彩丙烯的浓淡、配比、走势和纹路等进行创意,规划团队描摹了重庆代表性的地形地貌,并与特定的农产品品类进行匹配,形成产品包装的风格和调性。

品牌辅助图形 2 ▼

期待这座城市的精彩

城市为品牌背书，品牌为城市代言，是农产品区域公用品牌的重要特征。"巴味渝珍"带着重庆的印记而生，又将成为重庆新的印记。"巴味渝珍"农产品区域公用品牌的打造，除了为重庆特色农产品提供信用背书，还承载着探索城乡融合发展路径的使命。在乡村振兴战略中，从"城乡统筹"到"城乡融合"发展的转变，已经清晰地指明城市与乡村的共生共荣。中国的乡村振兴必须与城市一起振兴，共同发展。这恰恰是拥有大都市、也拥有大乡村的重庆所独有的民生使命。

一江津彩：
让世界看到长江的精彩

文/李闯

万里长江，是中华民族的母亲河，也是世界上最著名的河流之一。它滋养万物，养育万民，蜿蜒曲折万里，姿态万千。在长江流经的各个省市、区县中，各自演绎着自己的精彩。而谁又是长江精彩的代表者、集大成者？且看江津农产品区域公用品牌战略规划的创意解读。

昔日要津今何在

江津位于重庆西南部，是重庆下辖的一个区。光看名字，就知道江津与水有着密切的联系。江津因"万里长江一要津"而得名，长江穿境而过127公里，形成几个大大的"几"字形。

江津曾是重要的码头渡口，那时江津著名的四大特产——江津广柑、江津花生、江津老白干、江津米花糖就是通过大大小小的沿江码头运往全国各地的，江津农产的声誉盛极一时。

时代的发展造就了岁月沧桑，码头文化渐渐退出历史舞台。江津的农业产业也有了新的更迭、大的发展。为重拾江津农业荣光，2017年10月，江津区农业发展委员会委托芒种品牌管理机构，为江津编制"江津农产品区域公用品牌战略规划"。

今日要津更精彩

10月23日，当江津农产品区域公用品牌项目组一行五人抵达江津时，已是傍晚时分，透过车窗望去，一座座跨江大桥霓虹闪烁，气魄非凡。这座依水而生的城市在烟雨濛濛的夜色中呈现出别样的精彩，昔日"走遍天下路，难过江津渡"的艰难，再无踪迹。

接下来的四天时间里，在这片4200公里的土地上，团队成员们在江津这一片土地上感受到了长江流域的诸多精彩，物产、山水、文化、美食等等。

1.江津物产的精彩

江津属亚热带季风气候，光照充足，气候温和，雨量充沛。长江丰沛的水系滋养万物生长，赋予江津繁盛的农业物产。这片土地，92%的土壤中等以上含硒，是当之无愧的"中国生态硒城"，业已形成八大富硒农业产业：富硒粮油、富硒花椒、富硒茶叶、富硒蔬菜、富硒水果、富硒畜禽、富硒水产、富硒药材。当前，江津已建成八大富硒产业标准化种植基地40万亩、水产基地3.5万亩，形成30多个富硒特色示范基地。物产之中，江津花椒别具一格，犹负盛名。江津是"中国花椒之乡"，全区花椒种植面积达50万亩，投产35万亩，鲜花椒产量达25万多吨，居全国三大花椒基地之首。

江津花椒是国家地理标志产品,是全国十几个花椒产区中唯一的青花椒基地,青花椒产量占全国70%。

江津花椒品种为九叶青,因其幼苗有九叶而得名。江津花椒皮厚色青,麻香味浓,富含多种微量元素,出油率高,是川渝美食必备的调味佳品。经过四十多年的发展,已经形成了相当完整的产业链,覆盖幼苗培育、种植栽培、收获筛选、冷藏加工、餐饮零售等各个环节,每年产值达30多亿元。

可以说,江津物产的多姿多彩,汇聚了长江流域物产的精彩之处。

2.江津山水的精彩

江津境内地貌以丘陵为主,四面环山。江津的山大多数都不高,但因为水的存在,颇具灵性。"四面山"是江津境内海拔最高的山脉,最高峰达1700多米,是国家5A级景区。景区植被丰富,景观多为原始森林,拥有众多溪流、飞瀑、湖泊。其中望乡台瀑布高152米、宽40米,居我国高瀑之首。

江津石门镇拥有"万里长江第一佛"。大佛寺是一座高达十余丈的七层楼建筑,坐北朝南,依山面水,相当雄伟。此外,江津还拥有云雾坪景区、黑石山景区、重庆最大的碉楼、双凤场、会龙庄等景区和景点以及保存相当完好的三大古镇,旅游资源可谓流光溢彩。

可以说,江津山水的流光溢彩,汇聚了长江流域山水的精彩之处。

3.江津文化的精彩

"四面山水, 人文江津", 江津的山水是流光溢彩的, 江津的文化更显多元包容、多姿多彩。这里有六大文化名片：古镇文化, 楹联文化, 爱情文化, 长寿文化, 名人文化, 抗战文化。这里有曾轰动全国的"爱情天梯", 有天下第一长联作者钟云舫, 有白屋诗人吴芳吉, 是百岁老人分布最均匀的"中国长寿之乡"。这里走出了开国元帅聂荣臻, 包括陈独秀在内的众多抗战名人曾在此居住生活, 新中国成立以来, 这里诞生了16位两院院士……

可以说, 江津文化的繁盛出彩, 汇聚了长江流域文化的精彩之处。

4.江津美食的精彩

江津的美食因富硒而别具魅力。硒元素具有增强人体免疫力、防癌抗癌、抗氧化、延缓衰老等功能, 只能通过食物获取, 不能人体自行合成。江津的富硒土壤赋予了其农产品难得的养生功能, 使江津成为全国幅员最大、人口最多、百岁老人分布最均匀的"中国长寿之乡"。

江津还是中国烹饪协会授予的"中国富硒美食之乡"。在江津, 重庆火锅自然是少不了的, 除入选重庆十大美食的"江津肉片"之外, 还有尖椒鸡、热拌兔、脆鱼等名菜, 更有江津米花糖、怪味胡豆、豆干、江津花生等休闲美食。

可以说, 江津美食的别样出彩, 汇聚了长江流域美食的精彩之处。

用价值演绎江津的精彩

对经济效益的追逐、对工业技术的迷恋常常使人们忘记了农业的美好和精彩, 忽视了所有的文明都起源于农耕文明, 忽略了农业对于生活的价值和精神的意义。江津, 一个精彩的农业样本, 如何借品牌建设的契机, 让世界看到江津的精彩, 看到长江的精彩, 看到中国的精彩?

在万里长江流经的省市区县中, 江津的位置在哪里?江津的农业产业优势意味着什么?

通过对比和梳理, 项目组发现, 富硒是江津最突出的差异化特征。因富硒土壤而造就的富硒农产品与四面山水的优良环境一起赋予了江津"养生"的重要功能。因此, 项目组将江津农产品区域公用品牌的品牌定位概括为:

江津富硒养生农产品

作为长江流域一个典型的农业样本, 江津从四个方面汇聚了长江的精彩。江津物产的多姿多彩, 汇聚了长江物产的精彩;江津山水的流光溢彩, 汇聚了长江山水的精彩;江津文化的繁盛出彩, 汇聚了长江文化的精彩;江津美食的别样精彩, 汇聚了长江美食的精彩。在江津这一片3200平方公里的土地上, 汇聚了长江流域物产的精彩、山水的精彩、文化的精彩、美食的精彩。

由此, 项目组提炼出江津农产品区域公用品牌的品牌口号:

一江精彩在江津

通过对品牌口号进行了价值聚焦, 在突出江津的精彩之处的同时, 融合进"江津"的区域名称, 提炼品牌名称为:

一江津彩

品牌名称具有三大优势, 一是强化"长江"这一区域背书, 将品牌格局提升至长江流域;二是将江津区域名称融入品牌名称, 带有农产品的产区印记, 但又不局限于农产品, 为品牌向农旅融合方向发展保留延伸空间;三是采用谐音的形式, 表达品牌的品质承诺和信誉, "一江津彩"避免了广告法所禁止的最高级形式, 却隐喻了江津是整个长江精彩的代表者和集大成者。

符号呈现"一江津彩"

品牌化作为一种差异化战略,创制差异化的符号是其中重要的一环。在符号创意构想上,项目组力图再现江津最重要的差异化价值,构建独具特色的品牌形象。

首先是对长江背书的演绎。作为长江流经重庆的第一段,其"几"字形走势具有很强的识别性。项目组将这一长江流势图形化用在品牌主形象中,串联起"一江津彩"四个汉字,既具有动感,又呈现典型的地域特征。

品牌标识 ▼

再次是对富硒特色的融入。品牌主形象将硒元素的化学符号"Se"与长江流势曲线进行融合,凸显江津土壤和农产品的富硒特色。

再次,品牌主形象将水的元素和"鱼"的元素进行组合,在"江"的三点水和"彩"的三撇中予以呈现,表现产品的类别特征。鱼是对硒元素吸收最好的农产品。

最后,在用色上,以农产品的青绿色为主,冷暖色调搭配运用,点缀红色,表现精彩与物产丰富。

富硒粮油

富硒畜禽

富硒蔬菜

富硒水果

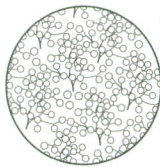
富硒花椒

富硒中药材

富硒水产

富硒茶叶

"一江津彩"作为全产业的农产品区域公用品牌，覆盖八大富硒产业。为更清晰地传达每种产品的类别，与消费者对话，项目组以简笔画的形式创制八大产业产品的传播辅助图形，并用这些辅助图形拼贴组合成"硒"字形的品牌传播主辅助图形，进一步凸显江津农产品特色优势。

品牌辅助图形 ▼

亮相与展望

2017年12月8日，在中国·重庆（江津）首届富硒产业发展大会上，江津区人民政府正式对外发布了"一江津彩"区域公用品牌。今后，江津区富硒农产品将通过授权的方式统一使用"一江津彩"品牌主形象和"一江精彩在江津"品牌口号，不同产业的产品还将统一使用本产业类别专属的辅助图形。接下来，江津富硒农产品的包装、富硒专卖店门头、电商旗舰店、户外广告等将会更新换代，以统一的品牌形象，与消费者沟通。

借助"中国生态硒城"城市品牌、"一江津彩"农产品区域公用品牌、众多的企业品牌和产品品牌，江津区的农业品牌建设必将在农民增收致富、富硒产业快速发展、农村振兴、区域形象传播等方面发挥重要作用。

悠悠长江流经中国11个省份，更有数以百计的城市，如何让江津在这么多长江城市之中脱颖而出，是我们在江津区品牌构建时的首要任务。最终我们所提出的"一江精彩在江津"便是在消费者心智中，植入长江城市精彩集大成者的品牌形象。让世界看见长江的精彩，是江津区的使命，也将是江津人持之以恒的动力。

品牌价值支撑系列海报 ▼

一江精彩在江津

◎ 汇聚一江
山水精彩

一江精彩在江津

◎ 汇聚一江
文化精彩

一江精彩在江津

◎ 汇聚一江
农产精彩

一江精彩在江津

◎ 汇聚一江
美食精彩

"一座保山"

用超级符号抢占消费者心智

文/庄庆超

品牌就是抢占消费者心智，并在其心智中形成烙印。要想让品牌瞬间进入消费者心智，最好的办法是让品牌在消费者心智中"本来就存在"——你要将消费者本来就熟悉的事物嫁接到品牌上面，就需要"超级符号"。

超级符号是人们本来就记得、熟悉、喜欢的符号，并且还会听它的"指挥"；超级符号是蕴藏在人类文化里的"原力"，是隐藏在人类大脑深处的集体潜意识。将超级符号嫁接给品牌，就得到超级创意、超级品牌。芒种团队助力云南保山市打造的区域公用品牌"一座保山"，是如何运用"超级符号"的呢？

每个人心中都有一座山，小时候，这座山是父亲。长大了，这座山是梦想。

每个人心中都有一座山，找到了这座山，就容易征服他／她的心。品牌要入心，才能够抢占消费者的心智，于是品牌与消费者之间的沟通就不再是产品基础

层面的沟通，而是品牌层面的心智沟通。心智沟通使品牌在消费者的心目中有了明确的位置，甚至成为消费者本身的一部分，产品销售自然就变得顺理成章。

每个人心中都有一座山，我们要找到消费者心中的"那座山"。

超级印象：
绿水青山，多彩保山

　　从昌宁的古树茶、核桃到施甸的玫瑰花茶、玫瑰饼，从保山的小粒咖啡到隆阳的绿心豆，从龙陵的黄龙玉、紫皮石斛、黄山羊到腾冲的槟榔江水牛、明光小耳猪、红花茶油……从一个地方到另一个地方，在翻山越岭中领略保山的丰富物产和自然风光。这里有不一样的民族，不一样的风情，不一样的山水，更有不一样的印象。

这是一座生态的保山

　　保山地处横断山脉，怒山、高黎贡山横亘全境，澜沧江、怒江、龙川江穿流而过，自然景观神奇瑰丽。保山年平均气温 15.5℃，森林覆盖率达 66.3%，生态宜居。近年来，融合"创新、协调、绿色、开放、共享"五大发展理念，保山积极探索城市生态修复与旅游融合发展的路径，按国家 5A 级旅游景区标准建设保山中心城区"三个万亩生态廊道工程"，即：青华海万亩湿地公园、万亩生态观光农业园、万亩东山森林公园，创建青华海国家生态旅游示范区，使生态文明建设与城市旅游休闲功能同步提升，打造滇西最美生态城市。

这是一座物阜的保山

　　保山全市有240多处天然自涌温泉，数以万计的泉眼喷珠溅玉，温泉种类之多，疗效之神奇世所罕见，被誉为"世界温泉博物馆"。高黎贡山是国家级自然保护区，是世界公认的地球上最重要的"物种基因库"，是具有国际重要意义的"世界生物圈保护区"，是"三江并流"世界自然遗产的重要组成部分。这里矿产资源丰富，腾冲翡翠、南红玛瑙、龙陵黄龙玉、国宝永子……独树一帜；这里农林牧副渔品类齐全，小粒咖啡、昌宁红茶、槟榔江水牛、黄斑褶鮡……特色鲜明，这些物产和资源使保山成为名副其实的"宝山"。

这是一座多彩的保山

　　保山是一个异彩纷呈的特色城市，有多个少数民族，有着悠久的历史与文化。保山有世居民族 13 个，汉族、彝族、白族、苗族、傣族、回族、佤族、满族、傈僳族、景颇族、阿昌族、布朗族、德昂族等 13 个世居民族在这里生生不息。各族人民在长期的生产生活中，创造了极为丰富的具有浓郁特色的民族民间文化，为后人留下了丰厚的非物质文化遗产。保山端阳花街、保山庙会、傈僳族的刀杆节、傣族的泼水节……这里特色齐聚，多彩多姿，悠久的民族民间文化，摇曳的本土风情，诉说着这个城市的源远流长。

超级符号：
高黎贡山，世界保山

在当地人的意识中，高黎贡山世界闻名，如果借助山名做品牌，自然在宣传推广时能够起到事半功倍的效果，但遗憾的是，因有企业注册在先而没办法使用。于是我们顺着这个思路，借"山"这个超级符号一路前寻，终于找到了柳暗花明的惊喜。

围绕高黎贡山的创意基础，借势"绿水青山就是金山银山"的理论热度，经过几番讨论，我们最终将保山市农产品区域公用品牌名称命名为：

一座保山

作为保山市农产品区域公用品牌，"一座保山"可以承载的内涵更多，未来的拓展性也更强，在时机成熟的时候，完全可以当作全域区域公用品牌来使用。

"一座保山"是生态的，"世界生物圈保护区和国家级自然保护区"的荣耀，让保山人更知道生态的重要，在自然馈赠的生态中孕育绿色、安全的农产品。

"一座保山"是物阜的，它融合了保山农林牧副渔各产业的优质产品，也涵盖了保山各市县具有特色的代表性农产品，让这些生态物产汇聚成"一座保山"。

"一座保山"是多彩的，这里有多个民族共存、多样文化共生、多种物产共享、多彩的美景共赏……精神与物质、文化与物产、生态与健康在这里交相辉映、惠及万家。

"一座保山"是和谐的，人与自然的和谐相处，成就了生态、物阜、多彩的保山，生态和谐，才有物阜保山；民族和谐，才有多彩保山。

在未来，"一座保山"是开放的，它敞开怀抱接纳符合区域特色、生产标准、绿色生态、品质优异的农产品，加入"一座保山"，共绘一张蓝图，成就一番伟业。

在此基础上，项目组对品牌名称做了进一步强化和点睛，创意了品牌口号：

寻味万水千山·还是一座保山

口号简洁明了，朗朗上口，易于传播。"寻味万水千山"是从消费者的角度出发，侧重"寻味"的过程和艰辛，走遍万水千山，才能找到心中的美食，舌尖上的味道。"还是一座保山"既是对品牌名称"一座保山"的强调，也是对消费者产地印象的强化，更是表达消费者"寻味"后的感慨。有着"众里寻他千百度，蓦然回首，那人却在，灯火阑珊处"的意境。

有了"一座保山"的品牌名称，我们就要为其找到一个超级符号，来表现品牌形象，于是，在创作过程中，我们找到了大家熟知的"△"符号来演绎"一座保山"品牌。

有了"△"这个超级符号，我们又找到了"七彩云南"的超级色彩，以"保山"二字作为品牌 LOGO 的创意原点，结合图形和色彩，形成具有地域特征和鲜明特色的品牌烙印。

品牌标识 ▼

一座保山
YI ZUO BAOSHAN

品牌口号 ▼

寻味万水千山
还是一座保山

在形式上，以"山"字在地图上国际通用的"△"符号来作为创意基础图形，里面以"保"字进行了填充，形成"山内有保、保外有山"的意境。同时，"保"字造型在"山"形中区隔出九部分空间，寓意"一座保山"品牌基业、产品品质长长久久。

在色彩上，以"赤橙黄绿青蓝紫"的七种色彩来寓意"七彩云南，多彩保山"，七种色彩，代表不同颜色的瓜果蔬菜；七种色彩，代表不同民族的和谐保山。在"绿"水"青"山的生态中，以"赤"子之心，成就果实的"橙"、丰收的"黄"、产业的"蓝"、梦想的"紫"……

在字体上，"一座保山"以时尚的设计字体来表现品牌的时尚化、年轻化，寓意品牌朝气蓬勃的未来；在汉字下面点缀"YI ZUO BAOSHAN"拼音，在凸显中国特色的同时，也增加品牌的设计感和时尚感，一座保山，一座时尚的山、一座未来的山……

品牌 LOGO 图形，整体上简洁大气、色彩丰富、地域性浓、识别性强，让人过目难忘，真正做到了"用超级符号抢占消费者心智"的目的，不仅为品牌传播节省了成本，更为营销推广制造了话题，可以说，是自带光环和流量的品牌标志。

在辅助图形中，整个画面凸显民族特色，地域风貌，以高黎贡山、怒江为蓝本，在多彩的元素里融入保山地方特产：保山小粒咖啡、昌宁古树茶、昌宁核桃、龙陵黄山羊、龙陵紫皮石斛、腾冲槟榔江水牛、明光小耳猪……同时配以民族服饰的元素，从而描绘出一幅绿水青山、生态和谐、物产丰富，兼具民族特色的自然画卷。

依据辅助图形进行创意延展，在产品包装、户外推广等物料中进行应用，具有很强的识别度，有助于"一座保山"系列产品在市场上快速推广，形成品牌效应。

基于对保山自然生态、水利资源、地理纬度、产品特色、历史文化方面的梳理，得出了保山市农产品区域公用品牌的基础价值支撑。

自然生态圈：高黎贡山，生态家园

高黎贡山是中国国家级自然保护区、世界生物圈保护区、三江并流世界自然遗产的重要组成部分，是具有国际意义的陆地生物多样性关键地区、是具有国际重要意义的 A 级保护区。未来，保山将充分发挥生态优势，有效整合各类生态保护区资源，着力构建以高黎贡山国家级自然保护区为核心，连接青华海国家生态旅游示范区、腾冲地热火山自然保护区、北海湿地自然保护区、澜沧江自然保护区、小黑山自然保护区的自然保护区生态圈。

品牌辅助图形 ▼

品牌价值支撑 ▼

卓然阳光带
北回归线，光照充足

安然放心品
滇西粮仓，绿色康养

悠然昌盛地
永昌福地，农耕悠久

自然生态圈
高黎贡山，生态家园

天然水资源
三大水系，一条峡谷

天然水资源：三大水系，一条峡谷

保山市境内有世界第二大峡谷——怒江大峡谷，是世界上最长、最神秘、最美丽险奇和最原始古朴的大峡谷，位于滇西横断山纵谷区三江并流地带。境内分布有澜沧江、怒江、伊洛瓦底江三大水系，大小河流众多，降水充沛，多年平均降雨量 1536 毫米，水资源总量 150.7 亿立方米，平均每平方公里产水 79 万立方米，是全省水资源量较为丰富的地区，居全省第七位，全市人均占有水量 6427 立方米，耕地亩均占有水量 6028 立方米，高于全国、全省平均水平。

卓然阳光带：北回归线，光照充足

保山地处北回归线附近，属低纬山地亚热带季风气候，由于地处低纬高原，地形地貌复杂，形成"一山分四季，十里不同天"的立体气候。气候类型有北热带、南亚热带、中亚热带、北亚热带、南温带、中温带和高原气候共 7 个气候类型。其特点是：年温差小，日温差大，年均气温为 14~17℃；降水充沛、干湿分明，分布不均，年降雨量 700~2100 毫米。保山城依山骑坝，日照充足，年平均气温 15.5℃，夏无酷暑，冬无严寒，四季如春。

安然放心品：滇西粮仓，绿色康养

保山市位于云南省西南部，有"滇西粮仓"之称，是云南省粮食主产区，是国家和省重要的蔗糖、烟草、畜牧、林果、咖啡、茶叶生产基地，小粒咖啡和香料烟世界知名。近年来，保山市着力打造创新型城市，举全市之力实施六大工程、六大产业，同步推进农业规模化、工业聚集化、城市生态化、旅游品牌化。目前，除万亩农业生态园之外，保山同步推进了万亩青华海生态湿地恢复工程、万亩东山生态恢复工程，统称"三个万亩"生态廊道。

悠然昌盛地：永昌福地，农耕悠久

保山，早在战国时期就建立了哀牢国，保山坝是哀牢古国的首邑之地，东汉哀牢归汉后设立永昌郡，为东汉第二大郡。永昌故郡，地沃人勤，古往今来，方圆百里的保山坝，土壤肥沃，五谷丰登。《华阳国志·南中志》记载：永昌"土地肥沃，宜五谷桑麻……"哀牢王大力推行牛耕，提高了农业生产水平。至今已受益 1700 多年的诸葛堰（俗称"大海子"）修筑和使用，标志着保山先民很早就懂得了水利在农业生产上的重要地位。

　　定位就是品牌的根，根植于这片土地；价值支撑就是根须，深深扎在泥土里，不断地汲取着文化养分，逐渐让品牌形象枝繁茂盛。有了品牌基础价值支撑，基于其地理区位、生态优势、产品特色，得出保山市农产品区域公用品牌"一座保山"的品牌定位：

源自滇西保护区的生态农产品

世界生物圈保护区·国家级自然保护区

　　"一座保山"品牌定位"滇西"区域，一是保山作为"滇西粮仓"，有着悠久的农耕历史；二是保山作为云南省地级市，在外界知名度较低，但"滇"作为云南的简称，早已深入人心，"滇西"可以让消费者知道保山的地理位置，知道"一座保山"品牌来自何处。用"保护区"的概念，一是高黎贡山是世界生物圈保护区，国家级自然保护区，可以借力推广，增加品牌的可信度；二是保山拥有诸多自然保护区，整体生态优良，可以为保山农产品做加持。定义"生态农产品"，一是消费者对生态、健康、安全农产品的需求日增；二是保山生态环境与农产品品质相辅相成。源自滇西保护区的生态农产品，自然安全可靠，值得消费者信赖。

超级梦想：
一座保山，品牌保山

每一个区域品牌都始于梦想，成于实践。

2019 年 1 月 21 日上午，保山市农产品区域公用品牌发布会在上海市闵行区宝龙艾美酒店隆重举行，上海市闵行区政府、上海市合作交流办、上海市商务委员会、云南省人民政府驻沪办、省商务厅以及保山市政府、农业、商务、供销等部门领导和各县(市、区)农业局负责人参加了新闻发布会，"一座保山"农产品区域公用品牌的发布，标志着云南省农产品区域公用品牌战线上又添新兵，芒种品牌在云南省的第二个区域公用品牌正式亮相。

一场盛会的平台发布"一座保山"，一如既往的精神助力"一座保山"。

作为保山市农产品区域公用品牌，"一座保山"将承担起区域农产品增值、农民脱贫致富的重任。发布一个品牌容易，打造一个品牌很难。品牌不是一天建成的，也更需要后续的维护和运营，品牌授权、运营管理、溯源体系、渠道拓展、宣传推广等一系列工作的落地实施，都将影响着"一座保山"品牌的成长，期待"一座保山"在未来"一帆风顺"。

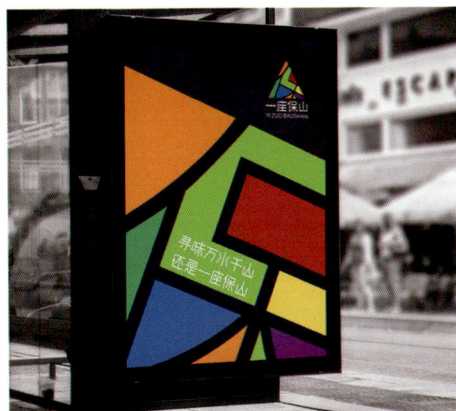

常规宣传物料、包装示例图

山西药茶
中华传统文化的新时代演绎

文/庄庆超　贺梦晗

———————

　　山西，中华民族的发祥地之一。从神农炎帝伊始，华夏大地上的文明之火从山西燃遍中国。时移世易，古老文明在山西人民的传承与发扬之中，与新时代需求不断碰撞，一款创新中草药的功能茶——山西药茶隆重登场。作为山西民间的千年茶饮，山西药茶历史底蕴深厚、文脉源远流长，它如何在新时代进行品牌演绎？且看芒种品牌管理机构的创意解读。

药茶发展
从历史中走来

　　山西，深受自然厚爱。太行、吕梁的高山厚土护其左右，黄河、汾河的源远流长润其四方，表里山河蕴藏灵妙万物。上古时期，基于丰饶的物产，炎帝神农氏常在这片土地上活动，制耒耜、种五谷、尝百草，教化万民。

　　中国的药文化与茶文化皆发乎于神农，经过数千年的发展，两者相互交融沉淀，有了不可分割的联系。山西不产茶，却是道地药材的核心产区，有数十种重要药材产量均居全国前列。智慧的山西百姓便依据茶的制作工艺，将这些药材制作成特殊的茶饮，以达到养生、长寿的目的：元代邹铉的《寿亲养老》一书中就记载有山西的路丁茶，对心脑血管有颇多益处，还能用来养生驻颜、提高免疫力；《玉樵医令》里记载的黄芩茶以山西为最，具有清热解毒的功能；山西平定县的连翘

茶曾作为皇室贡品,获得康熙亲笔御书"延年翘"的美誉……

另一方面,山西虽不产茶,却曾在数百年间都是世界茶叶贸易的中心。17世纪,强盛的晋商将福建、江西、安徽的茶叶运送至汉口,经过加工、分装后,再经河南、山西、内蒙向北运输,跨过广阔的俄罗斯,销往欧洲各国。这条商道被称为"万里茶道", 是古丝绸之路衰落后在欧亚大陆兴起的又一条重要的国际商道。山西祁县是这条"万里茶道"的中心,如今在祁县昭馀古城的长裕川茶庄前,仍矗立着"晋商万里茶道中心"的石碑。

茶道已成过往,但晋商的精神长存。如今的山西人民,如何利用丰富的药材资源,焕发出茶业的新生机?这也是山西省委书记楼阳生时常思考的问题。楼书记赴任山西前,曾长期在南方工作,总都能品尝到当地的特色名茶。山西从地理而言,已经过了我国茶叶适生区的最北沿,不适宜茶产业的发展。然而,能喝到山西产的茶,一直是楼书记的期待。

2019年5月30日,经过近半年的调研、分析,山西省委书记楼阳生在全省农业产业龙头企业座谈会上首次提出"山西药茶"的概念, 并于同年7月15日,提出"聚力打造以药茶等为重点的农产品精深加工十大产业集群"。这一极具战略眼光的概念提出, 意味着三晋大地又将迎来新的"高光"时期。山西省打造"山西药茶"区域公用品牌,是消费趋势下的市场产物,是政策引导下的高瞻决策,是宏观背景下的必然发展。

随着时代发展,我国社会主要矛盾已经转化为人民日益增长的美好生活需要和不平衡不充分的发展之间的矛盾。在今天的农产品市场环境中,消费者对健康的需求程度前所未有,而中医药在新冠肺炎疫情中的积极作用,大大强化了消费者对传统中药的认可。同时,山西药茶的多品种、多功能,也能满足当下消费者多样化、个性化的需求。可以预见,以中药材为原料,具备多重养生功效的山西药茶将成为健康产业的消费热点。

党的十九大提出了乡村振兴战略,其中"产业兴旺"位列要求首位,是最为基础、最为关键的任务。山西是中药材资源大省,全省中药材种植面积达310万亩,且野生中药材资源丰富。在持续发展中药材产业的同时,以"山西药茶"定义新的产业发展路径,通过食品化发展路径深入千家万户,能够实现山西中药材产业的弯道超车,让中药材走出深山、造福大众。同时,发展山西药茶是进行自然造物的

生态价值转换，是践行"两山理论"、推进农业供给侧改革的重要行动。

党的十九大提出了乡村振兴战略，其中"产业兴旺"位列要求首位，是最为基础、最为关键的任务。山西是中药材资源大省，全省中药材种植面积达 310 万亩，且野生中药材资源丰富。在持续发展中药材产业的同时，以"山西药茶"定义新的产业发展路径，通过食品化发展路径深入千家万户，能够实现山西中药材产业的弯道超车，让中药材走出深山、造福大众。同时，发展山西药茶是进行自然造物的生态价值转换，是践行"两山理论"、推进农业供给侧改革的重要行动。

药茶品牌
在新时代演绎

2019 年 12 月，经过系列招标程序，山西省农业农村厅正式委托芒种品牌管理机构，制订《山西药茶区域公用品牌战略规划》。这份委托，对"芒种"而言，既是肯定又是挑战。这样一个由省委书记直接指挥发展、关系山西产业升级转型的重要品牌，交给我们来规划，是对我们的信任与肯定；然而，药茶是一个新概念，全国各省 / 市 / 县有布局茶产业发展或中药产业发展的，却尚未出现过药茶产业，这对于山西而言，抢占了产业先机，势将成为行业引领者，但对于品牌规划者而言，却是重大挑战。

经过一个多月的实地调研、市场调研、专家座谈，以及多次向山西省人民政府汇报后，我们最终确立了山西药茶区域公用品牌的价值体系与符号体系：

品牌定位 ▼

中华大美生活之饮

习近平总书记提出"四个自信"，其中最根本的自信是文化自信。山西药茶所蕴含的茶文化与药文化，是华夏文明与民间智慧的结晶，是"中华大美"之所在。十九大以来，人民对美好生活的需求和不平衡不充分的发展已经成为我国社会的主要矛盾。山西药茶兼具药的功效与茶的口感，既能满足消费者对健康饮食的需求，亦能满足其对美好生活的需求，这是"大美生活"之所在。

品牌主口号 ▼

一杯山西药茶
中华百草精华

　　山西是我国著名的道地药材产区，药材资源丰富，几乎囊括了中华药材的精华。茶与百草，亦是同源。根据《茶经》记载，"神农尝百草，日遇七十二毒，得茶而解之。"药与茶，皆是神奇的东方树叶，同属"百草精华"。由此创意口号：一杯山西药茶，中华百草精华。山西药茶取药材之精华，制成系列茶饮，让消费者通过这一杯茶，品尝到中华百草之精华。

品牌标识 ▼

山西药茶
—— SHANXI YAO TEA ——

辅助图形 ▼

一杯山西药茶 中华百草精华

中华大美生活之饮

黄芪茶

枸杞芽茶

沙棘叶茶

毛建茶

红枣叶茶

黄芩叶茶

党参茶

槐米茶

桑叶茶

菊花茶

玫瑰花茶

　　品牌主形象是由两片似茶似药的绿叶环抱山西地图构成，传达健康理念，突出山西地标。标志整体外圆内方，形似圆形方孔钱，象征晋商文明。色彩以绿色为主，传达健康、生态的品牌发展理念。

　　辅助图形提取山西国宝晋侯鸟尊的花纹，结合晋商文化中常见的盖碗元素，创意一杯百草茶的意向符号，并以古代书籍药典的形式作整体展现，深具复古美学，在现代化的传播应用中十分凸显品牌个性。具体产品设计则采用更为现代化的插画来体现山西药茶作为新时代饮品的时尚风格。

山西药茶
向第七大茶系走去

2020 年 3 月 20 日，"山西药茶发布会"在太原举行。作为品牌战略规划核心内容的价值体系与形象体系正式亮相。山西省委书记楼阳生亲自为山西药茶站台，充分肯定了"山西药茶"的品牌创建工作，并对品牌下一步的发展提出五点要求：第一，公用品牌，公众享之；第二，道地药材，道地育之；第三，如法炮制，悠然得之；第四，强力推介，广而告之；第五，产业振兴，皆为民之。全省各界要全力支持山西药茶产业，将其打造为中国第七大茶系。

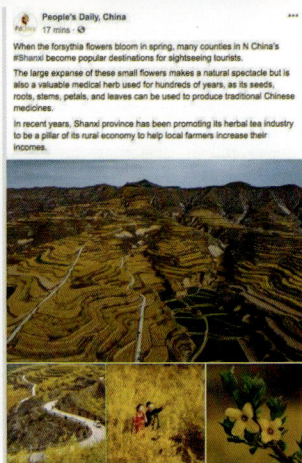

品牌发布以来，全省上下依照楼书记的五点要求全力发展品牌。省政府成立了由副省长王成担任组长的"山西省药茶产业发展领导小组"，并成立了品牌运营机构"山西药茶产业联盟"。从4月开始，山西药茶品牌宣传与销售工作都在紧锣密鼓地推进中。

5月8日，山西药茶直播专场首秀在"人民优选+京东直播"火热启动，黄芪茶、"延年翘"红茶和绿茶、沙棘叶茶等特色产品在直播间受到消费追捧。"山西药茶给力！""山西人实惠，山西药茶更好""为家乡好货骄傲""作为山西人，必须把'山西药茶'喝成中国第七大茶系"……直播屏幕上热切的留言，是消费者对中华文化的追捧、美好生活的追求。

作为中华传统文化的载体，山西药茶近日也在国际舞台频频露脸，被人民日报海外社交媒体脸书、推特推送，在海外实力圈粉。

中华传统文化历经五千余年而不衰，反而愈积愈厚，历久弥新，这是我们华夏的魅力所在。然而，在新的市场环境下，随着信息爆炸化、碎片化的冲击，消费者对中华传统文化的关注度大不如前。但另一方面，我们也看到，"舌尖上的中国"等纪录片热播，李子柒等网红大火，一系列国潮产品大卖。这些现象让我们发现，如今的消费者不是不关注中华传统文化，而是缺少关注的内容。

中国的农产品是根植于脚下这片炎黄土地，深受中华传统文化熏陶的重要物质载体。我们创建农产品区域公用品牌的一大重要使命，是如何将蕴藏在农产品中的中华传统文化，通过品牌化的语言表达出来，再用品牌化的路径传递给消费者。"芒种"以此为使命，已经孵化了上百个农产品区域公用品牌，"山西药茶"肯定是其中不平凡的一个。茶文化与药文化皆是中华传统文化中独具一格的核心内容，二者的产业交融、升级发展，是山西省委、省政府与山西人民的格局与智慧，而二者的文化交融、品牌演绎，是我们芒种团队在中国农业品牌化路上的又一次探索。我们衷心祝愿，山西药茶向"中国第七大茶系"这一宏伟目标稳步前进，也期待，在未来的中华文化中，山西药茶会成为其中耀眼的一个篇章。

向土而生的国家品牌
长白山人参品牌战略解读

文/庄庆超

从国家品牌计划说起

　　2016 年末，中央电视台启动了国家品牌计划。我们从央视这一国家平台上，看到了海尔、格力、京东等一众自主品牌的高规格亮相。在听到"国家品牌"声音的同时，我们也会有一些疑虑：到底什么品牌才能代表这个国家？

　　此时，我们"芒种"团队已经踏遍全国 34 个省级行政区、200 多个地级市、1000 多个县域。从松花江畔的黑土芬芳，到五指山下的丛丛椰影，从伊犁河谷的蜜之甘甜，到东海之滨的浓浓海风，我们总有一种感觉，这片土地所孕育的东西，才是她所想表达的东西。

竞争困局

同样在 2016 年末，芒种品牌管理机构受吉林省农业委员会委托，走进长白山深处，探寻国人皆知的那一株大地精华——长白山人参。

长白山人参在国人印象中带有浓重的神秘色彩，有关人参的传说几乎所有国人都能说上一段，尤其在长白山深处，人参故事经久不衰，甚至愈演愈奇。回到医药正史，我国是人参的原产国，使用人参的历史十分久远，从《神农本草经》到《本草纲目》，几乎历代重要的中医药典籍中，都有人参的记载。人参因此被称为"百草之王"，在世界范围内均享有极高美誉。

然而，也正是因为"百草之王"的地位，人参面临多重竞争压力：同类上面临同属于五加科人参属的同类产品竞争，主要为高丽参与西洋参；跨类上面临其他中药材的竞争。这其中，来自韩国"正官庄"高丽参的竞争最为直接。"正官庄"是韩国人参公社旗下最重要的品牌，一百多年以来，韩国以举国之力打造该品牌，积累了庞大的品牌资产，虽然在原料本身上与长白山人参差异不大，但因特殊的加工工艺、严格的品质管控及前沿的种植技术，而备受消费者推崇，已形成深入的行业认可与消费认知。除此之外，人参性温易上火以及功能宽泛而不明确等特点，亦常成为其他中药材的攻击点。

如何跳脱产业局限、占领竞争高位，同时回归产品本质、形成消费认知，是项目组进行长白山人参品牌战略规划的关键一步。

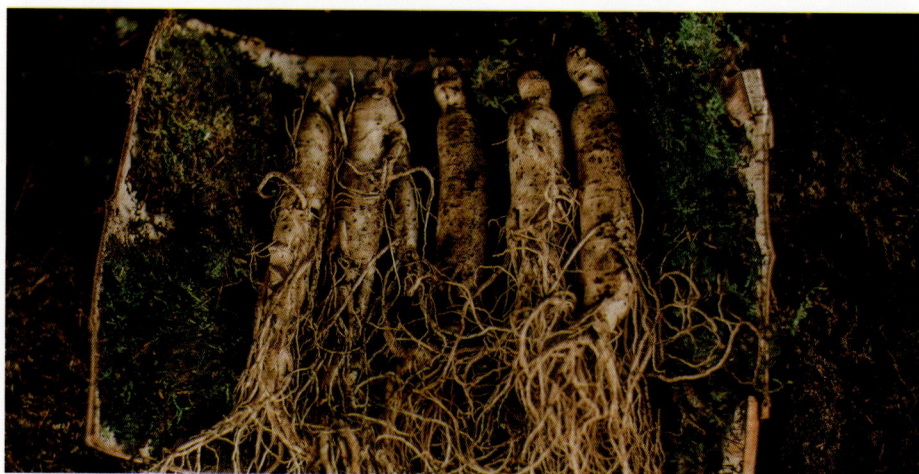

回归根本

人参向土而生，根须发达者蔓延数米，究其本质，是以根入药，作用在于补气固本。"根"与"本"是人参在产品功能与文化内涵上的核心诉求。在汉语中，"根"即为"本"，"本"即为"根"，二字合并成"根本"，则指基础或本质，既能强调事物的重要性，亦能彰显基础性，这与长白山人参特性不谋而合。从重要性而言，人参是"百草之王"，在中国药学发展中占据重要地位；从基础性而言，人参以补气固本为功效，元气是人得以延续的基础。"根本"一词既能体现长白山人参在产品功能上的基础作用，又能体现其在中国历史文化中的重要地位。人参自太行山而起，至长白山而兴，已有数千年历史，它见证了我国的环境变化、时代变迁，虽见于医药典籍，但早已超脱医药文化。由人参而起的风俗、故事、歌谣形成了系统的非物质文化遗产，是中华文化中的精典。由此，确立"长白山人参"的品牌核心价值，即品牌口号为：

国之精典·人之根本

"国之精典"以国为背书，彰显长白山人参的重要地位，同时使其跳脱中药产品的竞争范畴，将其置入整个中国文化的格局中，以此化解中药同类产品与跨类产品的夹击竞争；"人之根本"则是回归长白山人参的本质作用，将其补气固本的产品功能深入人心，形成清晰的消费认知。

在此核心价值下，项目组重新创意了"长白山人参"的品牌主形象。

在中国传统文化中，印章代表着正统、诚信，是经典延续、文化传承的重要载体与证明；长白山人参的生长所依托的是长白山独特的生态气候以及由这座山发源的鸭绿江、图们江、松花江水系；而作为中药而言，长白山人参之于人是补守阴阳两气，传承的是历经数百年发展、积淀的文化脉络。该品牌主形象将"一山""三水""两气""一脉"融入一方印章中，既能体现长白山人参作为区域公用品牌的个性特征，亦能彰显其在中国文化中的重要地位。

品牌标识 ▼

长白山人参

CBM GINSENG

国之精典 人之根本

品牌价值支撑 ▼

天养根本
长白山小气候
营造优生环境

地育根本
肥沃黑土地孕育
优异品质

水润根本
长白山源头活水
滋润不竭

人护根本
万千参人匠心
传承静心守护

高端定位下的亲民化传播

　　"国之精典·人之根本"是基于长白山人参的行业地位及激烈的竞争环境所必须占领的品牌高地。但在具体的传播中，由于消费者之于长白山人参的朦胧感与距离感，品牌仍需深入浅出，形成较为直观的消费认知，即高端定位下的亲民化传播。

　　亲民化传播从长白山人参的产品功能出发，确定其具象化功能，以此针对性地传播至相应人群，并形成相应的品牌价值内涵。

　　从功能而言，长白山人参虽为"百草之王""能治百病"，但通过梳理仍可发现，其功能主要体现在四个方面：其一为提高免疫力；其二为抗疲劳、增活力；其三为延缓机体衰老；其四为抑制多种疾病。这四大功能恰好对应四个人群：孩子、男人、女人、老人。功能与人群的链接，亦能形成相应的价值内涵：孩子在免疫力提高中收获快乐，即"快乐的根本"；男人在解除疲劳后收获活力，即"活力的根本"；女人在与衰老的抗争中收获美丽，即"美丽的根本"；老人在抑制疾病的过程中获得健康，即"健康的根本"。

　　由此，长白山人参品牌的传播策略即在"国之精典·人之根本"的核心价值下，将功能具象，将人群细分，实现精准而深入的品牌传播。

品牌辅助图形 ▼

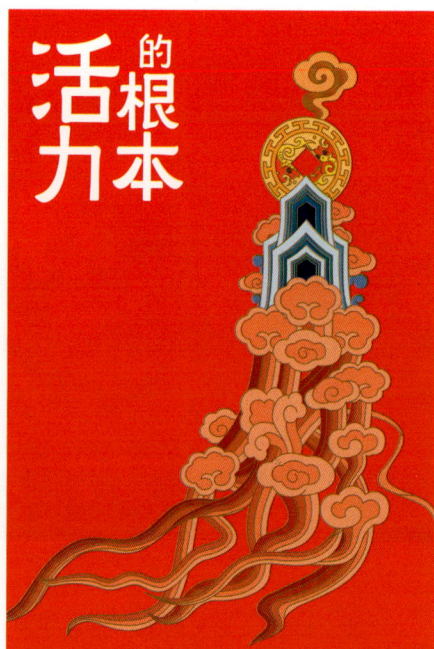

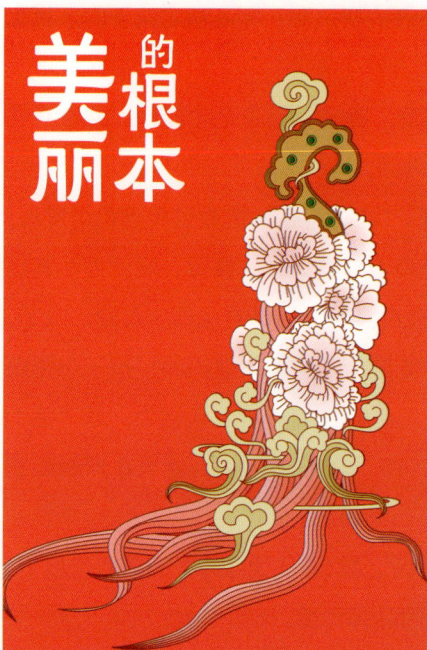

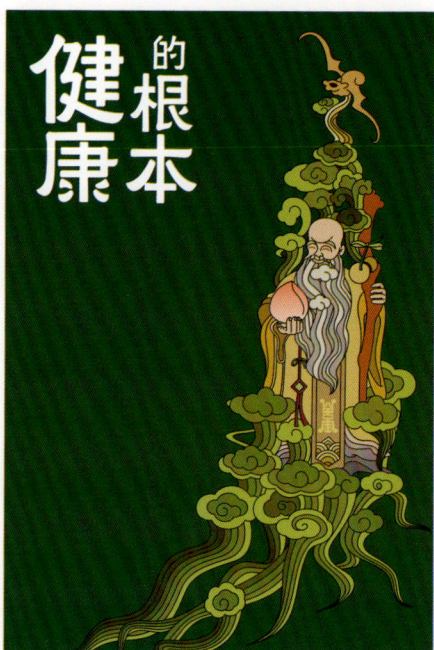

衍生形象

上图

长白山人参品牌认证标签示例

产品形象弱链接与强链接示例

长白山人参道旗

向土而生

回到我们开始的话题：到底什么品牌才能代表这个国家？这其实是一个很大的话题。央视的国家品牌计划从现代化的角度，与那些飞天入海、穿山架桥的国之重器一般，展现了这个国家不断创新向前的步伐。但传统仍需要传承。

"芒种"团队服务的近百个农产品品牌中，其实有很多都是独具地方特色、能够代表一方水土的精华，但大多缺乏走上国家平台的力量。"长白山人参"是其中最负盛名的，却也依然缺乏有如"正官庄"背后的力量。我们对其的重塑与提升规划，其实只是将它放到它应该在的位置，而后的发展，需要的不仅仅是长白山人的努力，更需要全国人民的支持。

值得学习的是，出现在央视国家品牌计划中的东阿阿胶、云南白药等同样扎根于土地的品牌，是将传统精华与现代理念结合后的重生。传统品牌的发展并不排斥现代化的技术与理念。"长白山人参"将功能具象、人群细分的策略基础，也正是基于人参产业近十年来标准化生产技术、精深加工能力的大幅提升。

走上国家平台

2017 年 12 月 24 日，经过近一年的规划，"长白山人参"的品牌提升战略在北京钓鱼台国宾馆盛大发布。钓鱼台国宾馆也是一个国家平台，于此召开发布会，展现的是"长白山人参"代表民族、走向世界的信心。发布会后，提升战略中所包括的产品开发、渠道拓展、传播推广等系列工作都在有序展开。

"长白山人参"是一个代表，也算一种契机，我们希望能有越来越多"向土而生"的品牌，能够走上国家平台，去展现我们既有创新又有传承的国家精彩。

庆安大米
创造大米新概念

文/庄庆超

启程与痴迷

2015年9月，黑龙江庆安县已经入秋，清晨的低温已接近0℃。这个季节正是稻谷开始成熟的时节，也是庆安最美的季节，140万亩一望无际的稻田如同金色海洋，呼唤四方好友。也正是这个时候，团队项目组经过半个月的筹备，第一次踏上庆安这片黑土地，为庆安大米品牌战略规划开展实地调研。

从哈尔滨机场驰往庆安的路上，项目组已深深领略黑土地的别样风情：开阔无垠的农田，苍劲挺拔的白杨，洁白蓬松的闲云，让刚从南方闷热天气中逃离的项目组成员们倍感舒畅。接近庆安县境，一脉深邃的河水进入大家的视野，那便是呼兰河，原本是东北平原上默默无闻的一条河，却因萧红而为人熟知。这脉河水自小兴安岭发源，涓流而下，横贯庆安全县，滋养着这片土地上的所有生灵。

接下去的几天调研，让整个项目组都兴奋不已。"所有人，都如同贪玩的孩童，迷失在庆安的怀抱里。站在万顷稻田边，我能够，以最近的距离，倾听谷粒与风的耳语，以最深的呼吸，探寻隐逸的稻花清香，以最惊喜的眼神，欣赏稻禾风过处摇曳的婀娜。"项目负责人胡晓云老师，在调研后记录下如此深情的文字，足见大家对这片稻田的痴迷。

接下来，项目组便要思考如何将这份痴迷与兴奋传递给更多的人，以品牌的力量让更多的人认识到这140万亩大米的魅力所在。

等待与亮相

经过近半年的反复研究、研讨，项目组终于完成规划终稿，为庆安大米构建了全新的价值体系、符号体系、传播体系与保障体系，形成庆安大米的品牌发展战略体系。此后，项目组便与庆安一道，静静等待一个让庆安大米全新亮相的时机。2016年9月，又是一年初秋，庆安的稻田经过一年的蓄养，再次迎来沉甸甸的收获。9月22日，黑龙江省第四届绿博会启幕。庆安大米亮相的时机与平台都已到来。在绿博会主论坛一开始，庆安大米便以大会特约合作方的身份登台亮相，庆安县委书记李英男更是亲自上阵，为庆安大米激情推介，赢得满堂喝彩。9月23日，在绿博会的现代农业品牌化发展路径探索分论坛上，庆安大米更是作为全省农业品牌建设的新典型，进行更深入的推介，获得了广大专家、媒体与客商的赞许。

关注与解读

亮相后，大家首先关注的是庆安大米的品牌口号：**"有一种米香，叫庆安香。"**

很多人都会问，"庆安香是一种什么样的香？""庆安香和其他大米品牌提出的香有什么不同？"——引起消费者的关注与联想，也是团队在规划之初设想到的场景。"庆安香"，是团队基于消费认知、竞争诉求与庆安现状，经过反复研究、论证后，为庆安大米创造的全新概念。项目组在消费者调查中发现，米香不香、饭香不香是消费者选择大米的决定因素，所以"香"成为项目组挖掘庆安大米品牌价值的切入口。从这个口子进去，项目组发现，"庆安"这一地名本身所具有的美好寓意，成为庆安大米品牌核心价值的天然载体："庆"有"欢庆、喜庆、吉庆"之意，"安"有"安心、安全、安宁"之意，无论是粮食生产所需要的丰庆有余，还是食品品质所需要的安全放心，均在"庆安"二字中集中体现。所以，最终项目组将庆安大米的品牌核心价值聚焦于"庆安香"，这是一种让人欢喜的吉庆之香，是让人放心的安全之香，也是独属庆安的大米之香。它超越了产品本身层面的竞争，建立起与消费者更深层次的情感联系，更有效、更细致、更贴近消费者，使消费者购买时形成画面感，产生美好的消费联想，也与如今市场上诸多大米品牌进行差异区隔。

另一方面，"庆安香"也是对庆安全县大米产业的一次整合。过去，庆安因为大米品种诸多、产品杂乱，而无法形成统一集中的品牌力量，浪费了很多品牌资源。如今，以"庆安香"为统领，强化庆安大米的区域品牌概念，弱化杂乱的品种与产品名称，形成全县大米品牌建设的合力，为全县所有大米产品与企业提供了一个可供背书的大平台。而支撑起"庆安香"的价值基础，是源自于庆安所独有的水源、土壤、气候、管理、技术等优势条件：

水源——兴安岭下泉水养：小兴安岭老林山泉灌溉，九河汇流，七河开源，呼兰河源头活水孕育。

土壤——寒地黑土核心区：世界三大黑土之一，东北寒地黑土核心区域，腐质层肥厚，精华滋养。

气候——一年一耕更营养：生态北国，一年一耕，休耕期长达235天，充足休养更多营养。

管理——绿色基地严把关：中国绿色食品之乡，国家绿色食品A级水稻生产基地，严把关更安全。

技术——精挑细选嚼着香：精选东北好米，先进技术保留谷物精华，回味微甜，大米原香。

由此，庆安大米的品牌价值体系构建完成，接下来，便是符号的表达。

品牌价值支撑 ▼

兴安岭下
活水养

寒地黑土
核心区

一年一耕
更营养

绿色基地
严把关

精挑细选
嚼着香

品牌口号 ▼

有一种米香，叫庆安香

品牌符号是基于直观印象的再现，也是基于价值体系的表现。庆安大米带给大众的直观印象，便是那整齐无垠的广袤农田，农田里的稻香伴随阵阵秋风拂鼻沁心；对于价值体系的表现，项目组更多的是希望消费者通过符号感受到庆安大米的纯真与淳正。于是，庆安大米的品牌主形象便跃然纸上。

中国汉字又被称为方块字,因其笔笔划划均能在方寸天地内施展。每一个学写汉字的人,均是从米字格或田字格开始,这是中国汉字的古老象征,是每一个中国人孩提时候的淳真记忆,也是庆安大米符号创意的天然链接。因此,庆安大米品牌主形象便以此为基础,将"庆安大米"四个汉字融入米字格内,以米字格的淳朴风格体现庆安大米的淳正品质,同时,也是对庆安辽阔稻田禾海的直观表现,使消费者产生画面感。除了主形象外,项目组完善了庆安大米的品牌符号体系,包括传播辅助图形、价值支撑图形、产区识别图形等,使庆安大米的品牌形象逐渐丰满起来。

品牌标识 ▼

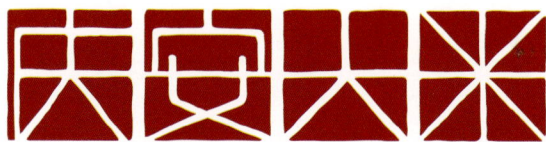

在价值体系与符号体系构建完成后,传播体系与保障体系便顺理成章地构建起来。项目依据大米消费人群与消费场景,为庆安大米规划了"一人食""小两口""宝宝乐""全家福"四款主题产品,每款产品采用的大米品种、包装大小都有所区分,这也是庆安大米品牌传播的重要主题与载体。

随着全新主题产品的销售和品牌的不断传播,庆安大米已经越来越为广大消费者所熟知,庆安香也从更多人家满溢而出。一碗饭,一室香,庆安大米带着吉庆安宁的祝福,送来黑土活水的滋养,为人们带来温馨美好的品鉴体验,也为世界留下许多芬芳沁人的餐桌记忆。

居深山 心自在

——大佛龙井品牌创意解读

文/贺梦晗

中国是茶的故乡，历史文化名茶繁如星辰，茶品牌市场竞争激烈。来自浙江省新昌县的"大佛龙井"，如同一匹黑马，短短20多年时间里创势突围，不断书写发展传奇。在2020年新出炉的中国茶叶区域公用品牌价值榜中，大佛龙井品牌价值高达45.15亿元，发展速度令人惊叹。

面对迅猛的发展势头，新昌茶人感到欣慰，却也存有遗憾。过去数十年，新昌县在打响品牌知名度方面下足了功夫，却忽视了品牌价值传达。为此，新昌县名茶协会邀请芒种品牌管理机构，从战略层面对品牌进行价值提升。

项目推进过程中，新昌县人民政府的雷厉风行让我们大为赞叹。面对新冠肺炎疫情这一突发情况，新昌县借势数字化为品牌作质量保障和产品背书，顺利走上"品牌化+数字化"双轮驱动之路。本文将通过解读大佛龙井品牌提升之路，讲述新昌如何借力品牌化与数字化实现品效合一，希望为各地茶品牌的发展提供借鉴。

大佛龙井的"初级"品牌化

新昌县产茶历史悠久,自古便是名茶的原产地。这里气候温润,土壤肥沃,丘陵山区多玄武岩台地及略带酸性的洪荒土壤,适宜种茶。县内主要山峰海拔均在600米以上,最高峰为小将菩提峰,海拔996米。山高雾浓,晨时云海翻滚遮挡阳光,只有少量散射光照到茶叶上,再加上海拔高,温度低,茶叶鲜爽度高,自古声名远播。

魏晋南北朝时期,僧道名士雅聚剡地山水间,对茶争相赏识,茶之声誉大闻于世。禅茶之祖支遁在新昌"买山而隐",品茶于沃洲,提出"禅茶一味",被奉为禅茶之祖。剡茶声,唐更著。李白、杜甫等著名诗人入剡游览,品茗吟诗。茶圣陆羽、茶僧皎然相继入剡,考茶咏茶。"越人遗我剡溪茗,采得金芽爨金鼎。素瓷雪色飘沫香,何似诸仙琼蕊浆。"当才子遇上佳茗,诞生了无数脍炙人口的美妙诗词。

茶是天赐新昌的金叶子。新昌最先生产条形的古法茶,后生产用于出口换汇的珠茶,曾被誉为"软黄金"。但改革开放后,传统的"珠茶"随着茶叶市场的放开出口竞争加剧,原有市场开始萎缩,全县近10万茶农和几万亩茶园陷入了"卖茶难"的困境。

彼时,西湖龙井炙手可热,连带着所有"龙井茶"都身价倍涨。一斤珠茶改成龙井后,身价陡增十倍。善于思变的新昌人当机立断,改做龙井、创品牌!1994年,依托于县内远近驰名的大佛寺,"大佛龙井"品牌应运而生,新昌茶叶开启了新时代的品牌之路。

禅茶之祖支遁

江南第一大佛

凭借敏锐的"热点"思维,新昌人不断借助低成本、高效益的事件营销在重点市场传播"大佛龙井"。借原国民党主席连战访问大陆时机,请其品鉴"大佛龙井";奥运之际,向建筑工人奉茶;"非典"期间,向首都医护人员敬茶;哥德堡号到访广州,成为"百年享宴"指定用茶,每一次事件传播都让大佛龙井"大放异彩"。

如今,新昌县茶叶产值占到农业总产值的三分之一,农民一半收入来自茶叶,一产产值超过12亿元,全产业链产值则达到了86.2亿元。2020年,"大佛龙井"品牌价值达45.15亿元。

寻找链接消费者的品牌价值

随着社会经济的飞速发展与互联网技术的日益革新，品牌发展的格局和生态发生着实时变化。为进一步适应新时代发展、拓展品牌影响力，"升级"成为大佛龙井品牌必走之路。

项目组针对大佛龙井品牌展开了消费者调研，发现受访者不约而同地都提出了同一个问题："大佛龙井跟西湖龙井的差别在哪儿？"一般消费者无法品尝出两者的区别。这成为项目组挖掘品牌差异化的突破口。

通过与新昌县委、县政府有关领导，茶叶行业代表，文化界人士，茶品牌专家的多方探讨与交流，我们寻找到一处大家都公认的差异点：西湖龙井是城里的茶，大佛龙井是山里的茶。大佛龙井的茶园主要分布在海拔 300~800 米的丘陵台地和山地之间，不似生长在城市中的龙井茶，这里远离城市喧嚣，清流净水浸润茶树，土壤富含有机质，使茶叶得以自在生长。细观大佛龙井，其身形的确较其他龙井更为肥壮肥嫩，仿佛一尊欢喜智慧的弥勒佛。新昌境内的"江南第一大佛"所塑造的正是弥勒佛，笑迎天下、包容大千、智慧自在。当消费者品尝到这杯好茶，醇厚甘爽的滋味也能让他们从琐事中挣脱，仿佛居于深山，得享片刻宁静。由此创意品牌口号：

居深山 心自在

　　品牌口号直观展现了大佛龙井生长环境的生态优势，形成了与西湖龙井不同的差异化价值，同时呼应了地域佛文化，更为消费者营造了消费场景想象，实现品牌与消费者直接的深层次的链接。

　　为了适配各个传播途径，提升传播效果，基于品牌文脉故事，项目组创意了大佛龙井的品牌辅助口号。新昌好茶最初源于佛寺僧人的教授传承，才成就了新昌的"兴昌"。一直以来，大佛龙井品牌对外传播也一直是以传递祝福的活动为主。好茶源于新昌，好茶成就新昌，好茶传递新昌，大佛龙井是一杯当之无愧的好茶。因而，创意出品牌传播口号：

一杯好茶 万事新昌

　　"新昌"二字，一语双关，既指新昌之地，也是对喝茶之人、买茶之人的美好祝福。口号琅琅上口，易于传播。

　　品牌主形象似一尊佛像，呼应"大佛"名称，实则每个部分都由茶叶元素构成。佛头为一滴茶水，佛身是一片茶叶，佛座是茶叶入汤水荡起的茶波纹，佛身与佛座亦是由"昌"字变形而成。整体符号集合大佛、龙井、新昌于一体，素雅别致，符合大佛龙井品牌调性。

品牌标识 ▼

大佛龙井
DA FO DRAGON-WELL TEA

辅助图形以一杯好茶延展开, 氤氲茶香中浮现出新昌的山水风光, 李白心向往之的天姥山、连绵奇特的穿岩十九峰、佛光普照的大佛寺。茶山在云海中若隐若现, "居深山"之意充分展现。整体风格清新素雅, 带来无限消费想象。

品牌辅助图形 ▼

品牌包装效果图 ▼

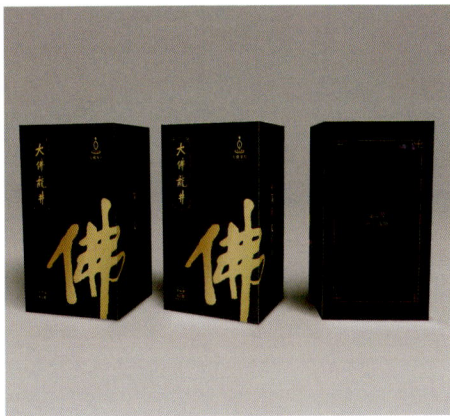

常规宣传物料、终端应用示例图

打造链接消费者的传播新模式

升级后的品牌价值体系与形象符号受到新昌县委、县政府以及名茶协会领导的一致认同，原本打算年后即在杭州召开品牌发布会，亮相于公众之前。谁知新冠肺炎疫情突发，发布会一延再延，甚至连新昌举办了13届的茶文化节都面临取消困境。

基于内外发展格局与互联网环境条件，新昌政府决定不止要品牌升级，正好借助本次风口进行的节庆营销模式变革，推出"云节庆"。

4月8日，在2020中国茶业大会暨第十四届新昌大佛龙井茶文化节发布会上，由芒种品牌管理机构重塑的"大佛龙井"区域公用品牌正式亮相。发布会在新华社客户端、今日头条、微博等11个知名媒体平台进行了视频直播与24小时重播，并同步进行图片直播。视频直播观看人次超过30万，图片直播访问人次超过1万。

会上，播放了由燧人影像传播机构参与剪辑制作的"大佛龙井"品牌形象片，运用影像语言，将"一杯好茶"透过屏幕传递到现场嘉宾眼前，亦获得了众多好评。

4月15日，2020中国茶叶大会暨第十四届新昌大佛龙井茶文化节开幕式在新昌茶园中拉开帷幕。开幕当天，新昌利用微信、H5、抖音等平台，让观众能够实时观看活动全程，在线体验采茶、炒茶、制茶全过程，借VR虚拟体验大佛龙井品牌馆，还能在"云上茶园"领略江南风光，欣赏茶道表演。截至4月20日，H5页面已有超过1800万参与量，10000份大佛龙井茶叶体验装产品已全部售罄。

2020中国茶业大会暨第十四届新昌大佛龙井茶文化节发布会

2020中国茶叶大会暨第十四届新昌大佛龙井茶文化节开幕式

同日，大佛龙井品牌形象片在杭州武林广场地标大屏进行投放，日媒体接触人次达 80 万。以"一杯好茶，万事新昌"为主题的活动也在抖音、朋友圈展开了全面的针对性人群触达传播。品牌化与数字化的合作，极大地提升了大佛龙井品牌知名度，推广了大佛龙井品牌新形象，大佛龙井品牌新章自此开启。通过双轮驱动新模式，"大佛龙井"必将再领风骚，在品牌化竞争中逆势上扬，让深山好茶润泽四方。

烟台大樱桃
为中国大樱桃发声

文/庄庆超 周叶润

与烟台的缘分

　　我们与烟台的缘分十分深厚,早在2012年,我们团队便作为"智库",参与了烟台农业品牌建设的相关工作。2015年1月,我们与烟台市农业局签订协议,正式为"烟台苹果"品牌编制品牌战略规划,叫响了"中国第一个苹果",为烟台苹果在激烈的市场竞争环境中占领了行业高地。

　　2016年6月,我们再度与烟台开展合作,为"烟台海参"品牌编制品牌战略规划,将追求自我生活方式的消费需求与烟台作为"中国鲁菜之都"的饮食文化结合,确立了"鲁菜精华"的核心价值。

2017年2月,年味还未散尽,我们又一次来到烟台,走访栖霞、福山、牟平、海阳,深入林里田间,与烟台进行了第三次亲密接触。这一次,我们的研究对象换成了烟台另一个优势产业——大樱桃。

竞争激烈的市场

中国的大樱桃产业与现代苹果产业一样,都发源于1871年的烟台。经过一个多世纪的研究与发展,中国大樱桃产业在种植技术与果品品质上都已呈现世界级水准。然而,随着经济全球化进程的加速,进口产品对国内产业造成了巨大冲击。如大樱桃产业,虽然国产大樱桃品质并不输人,却始终未享受到如进口车厘子一般的市场待遇。

进口车厘子对于我国大樱桃市场的冲击之势,可谓"势如猛虎,与日俱增",具体表现为三个"上升"与两个"下降"。

三个上升:一是消费者消费兴趣上升,车厘子在搜索平台上的搜索热度和电商平台上的消费热度逐年上升,且大幅高于大樱桃;二是商家追捧热度上升,进口车厘子在入关后数小时内便会被商家抢购一空,甚至有不少商家在其销售平台,将中国大樱桃标注为车厘子;三是进口势力不断上升,受巨大市场的吸引,越来越多的车厘子主产国加入到中国市场的竞争中,以往与智利、澳洲进行错季竞争的中国大樱桃,现在面临与美国、土耳其等同季产区的激烈竞争。

两个下降:一是物流成本下降,近年来,多个国内生鲜电商平台与车厘子主产国签订协议,开通车厘子物流专线,降低物流运输成本;二是时间成本下降,物流专线的开通,使得进口车厘子抵达国内消费者手中的时间越来越短,有些甚至比国产大樱桃的物流时间更迅捷。

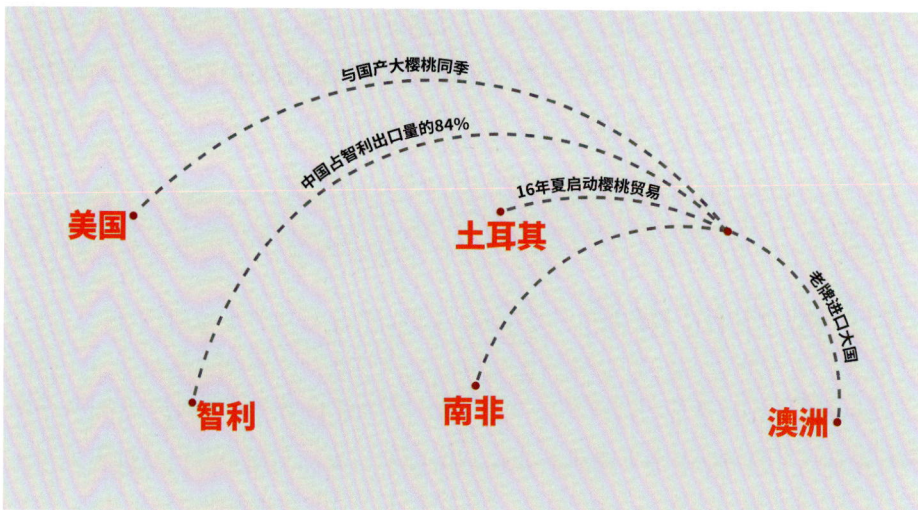

由此可见，虽是同属同种同品质的水果，中国大樱桃与进口车厘子却面临不公平的市场待遇，而且这种不公平在消费者与市场的追捧中愈演愈烈。中国大樱桃亟需发声，亟需将中国大樱桃不输进口车厘子的事实向消费市场宣告，亟需通过品牌的力量提高中国大樱桃的产品价值、提升中国大樱桃的品牌格局、提振中国大樱桃产业的发展。而谁又能承担发声的任务呢？

为中国大樱桃发声

烟台是中国大樱桃产业的发源地。自1871年以来，烟台在品种研发、技术栽培、品质管控、物流集散等方面，对大樱桃产业进行了系统建设。如今，不论在产业规模、产品品质还是技术研发上，烟台都是中国大樱桃产业的执牛耳者，一路领航中国大樱桃产业的发展。因此，在今天的市场格局中，烟台大樱桃必须扛起国家品牌的大旗，为中国大樱桃发声。

中国大樱桃与进口车厘子遭遇的不公平市场待遇，根源在于二者的"国籍"不同，似乎"国产"就是逊色于"进口"。然而，换个角度，从当今世界的发展格局来看，拥有一颗中国心却正是烟台大樱桃最大的优势所在，也是其品牌格局的改变之道。

因为，中国人自古以来心底里就有强烈家国情怀。大到屈原投江自尽、岳飞精忠报国，小到烟台人在广东主动推销家乡的大樱桃，都是家国情怀的有力体现。现今国人深藏内心的家国情怀，正随着国家实力的提高、国产品牌的崛起和国货品质的提升，而被慢慢唤醒。国内消费者对国货的消费信心日益增高，对国货的消费意愿亦日益强烈。

在这一背景下，课题组希望构建烟台大樱桃与消费者之间的情感链接，以此呼唤消费者在消费这类产品时对中国产品与中国品牌的认同，并结合烟台大樱桃自身的产业发展，确立其品牌核心价值，即品牌口号为：

烟台大樱桃，点亮中国红

中国大樱桃产业的发展，是从1871年烟台这"一点红"开始，经过一个多世纪的传播，点亮了今天繁盛的中国大樱桃版图；如今的烟台大樱桃，通过便捷的物流体系，将一颗颗红色樱桃，送到了天南海北的消费者手中。

烟台大樱桃，不仅点亮了中国的大樱桃产业与市场，更是以其优异的品质点亮了消费者的生活与生命，点亮了消费者的家国情怀。

"点亮中国红"是烟台大樱桃功绩卓越的过去，是它推动中国大樱桃产业"从无到有、从弱到强、从暗到明"的红火历史；"点亮中国红"是烟台大樱桃自信奋发的现在，是它继续向中国其他大樱桃产区发出的领航光芒；"点亮中国红"更是烟台大樱桃充满担当的未来，是它代表中国大樱桃向世界舞台发出的民族之声！

"点亮中国红"的灯塔

在确立了"点亮中国红"的品牌核心价值后，课题组接着便要寻找能够与之相匹配而又与烟台大樱桃相吻合的符号意象。

"点亮"的传播诉求是在于"用光芒照亮"，烟台大樱桃正是用自身光芒照亮了中国大樱桃产业，这是"点亮中国红"的创意原点。在这个原点上，课题组找到了与烟台十分吻合的符号意象——灯塔。矗立于烟台山上的灯塔，是烟台的城市标志，一百多年来，这座灯塔用自己的光芒指引了无数船只驶向正确的航路。光芒与领航，烟台大樱桃与烟台灯塔在价值上实现了统一。"灯塔"成了烟台大樱桃"点亮中国红"最佳的表现载体。

在最终成稿的烟台大樱桃品牌标识中，将烟台山灯塔作为形象创意的基础，以中国书法的标出，融入烟台拼音的缩写"YT"；最重要的是以中国水墨画中的晕染手法，将烟台大樱桃作为灯塔顶端的光芒；整体形象既凸显烟台的地域文化特色，又切合"点亮中国红"这一核心价值。

在品牌标识的基础上，进一步构建品牌辅助图形，呈以新中国风，画面主体凸显烟台大樱桃，并融合烟台地区海洋、灯塔、帆船和海鸥等地域元素，共同传递品牌价值。

品牌标识及辅助图形 ▼

烟台大樱桃

品牌常规包装插画

佳人装 插画

何物比春风 歌唇一点红

家庭装 插画

绿葱葱 几颗樱桃叶底红

家国装 插画

何处曾经同望月 樱桃树下后堂前

特色化的产品体系构建

基于符号体系和价值体系, 课题组从"点亮中国红"的价值内涵出发, 针对不同消费人群, 设计相应特色形象, 结合中国樱桃诗词文化, 进一步构建了烟台大樱桃特色产品架构。

产品系列为基于"点亮中国红"的品牌核心价值, 结合市场需求与电商发展趋势创意而成, 进一步丰满品牌形象, 推动樱桃文化的传承与创新, 传达烟台大樱桃作为中国大樱桃的代表地位。

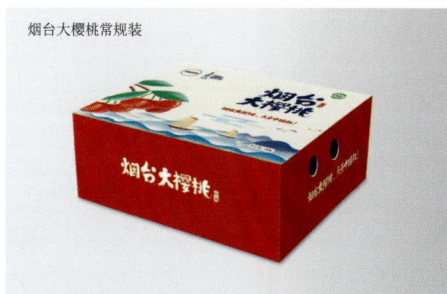

烟台大樱桃常规装

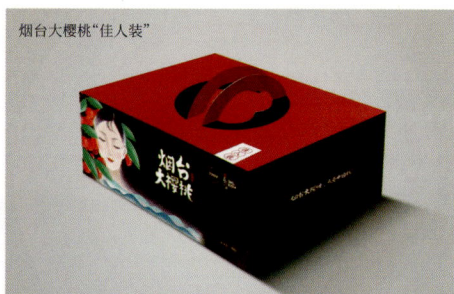

烟台大樱桃"佳人装"

烟台大樱桃"家庭装"

烟台大樱桃"家国装"

全新的惊艳亮相

2017年4月27日, 烟台大樱桃迎来了主场灯光秀, 在被誉为中国大樱桃产业的"达沃斯论坛"——第一届中国大樱桃产销研大会上, 惊艳亮相。

此次大会, 作为中国大樱桃行业内影响力最高的产销研大会, 国内主要果树研究所专家悉数到会。烟台大樱桃抓住契机, 在这个影响力巨大的行业大会上发布新形象, 再一次强调了烟台大樱桃的行业领先地位, 也是让悉数业界专家共同见证、监督其品牌发展, 促进产业提质升级, 深化与全国各地大樱桃产销企业、科研单位的交流合作。

长久以来, 国内市场一直未出现与"智利车厘子"抗衡的大樱桃品牌, 作为中国大樱桃产业的发源地与执牛耳者, 烟台有责任担起中国大樱桃产业代表的大旗, 这也是烟台大樱桃这一座"灯塔"的品牌使命。希望烟台大樱桃以品牌为引领, 砥砺前行, 点亮"中国红", 让世界看见来自中国的这一抹精彩。

宜昌宜红

山水与文脉的交融

文/周叶润

————————

  城市有山就有了脊梁,有水就有了魂魄。长江,这一时而汹涌浑浊,时而静谧清澈的江水,让宜昌有着傲骨嶙嶙的豪放和柔情似水的婉约。如此江水,孕育了无数的才子佳人:伟大的爱国诗人屈原出生于此,楚辞在牙牙学语的孩童中传唱,让这片热土保留了文脉的魂魄;昭君出塞,维护了汉匈关系半个世纪的稳定,世纪佳话流传至今。

  独特的山水孕育独特的文化,山水养人的同时也养了一叶好茶。宜昌红茶主产区在宜昌境内长江西南面岸边走廊一带,长约80公里,宽约40公里,上起葛洲坝,下至宜都口,以山地丘陵为主,400至1000米的海拔优势,符合高山出好茶的条件。正是宜昌这独特的地理条件,孕育出了独具特色的宜昌宜红茶。大量长江江面上的水

蒸气,沿着山脚向上攀爬,逐渐凝结成浓雾,经久不散,再加之这里肥沃的褐色酸性土壤,生长出的茶叶,鲜嫩而质厚,属于茶叶中的上品。

悠悠山水,缔造了宜昌宜红的淳正;悠悠文脉,刻画了宜昌宜红的经络。其他茶叶品牌极力寻找的文化背书,宜昌宜红从一出生就具备了,这是宜昌红茶的幸运,更是宜昌宜红品牌发展的先天优势。

宜昌宜红的品牌打造,将如这一叶茶,以山水为根基,以文脉为价值。通过山水与文脉的交融,形成品牌差异价值,并通过有力的传播口号、符号体系提升品牌传播力度。

价值体系——差异性与传播性的有机统一

核心价值的直观表达

据有关调查显示，一个普通消费者在一天时间内平均接触到1000多个品牌信息，而在24个小时之后仅仅能记住其中3个，因此我们在思考以山水与文脉作为品牌差异化价值的同时，也在探寻如何以一句朗朗上口、让人印象深刻的品牌口号，使宜昌宜红成为消费者心目中的那"三分之一"。基于以上考虑，我们构建了宜昌宜红品牌口号为：

宜山宜水宜红茶

这一句口号从宜昌山水生态角度出发，突出了宜昌的地域文化特色，形成了品牌的差异化价值，融合了品牌的市场传播性。朗朗上口的同时，又向消费者传达了宜昌宜红品牌的多维度价值内涵。

第一层含义为"好山好水出好茶"，首先强调了宜昌千里巴山、巍巍武陵、西陵山水、清江画廊所构筑的宜昌红茶的生长环境，正因宜昌的好山好水，才有宜红这一好茶。因此，这一口号是对宜昌生态环境的直观表达。

第二层含义为"适宜山水出好茶"，进一步诠释了有"好山好水"是不够的，需要的是适宜茶叶生长的好山好水。宜昌所具备的九种类型土壤，pH值多在4.5~6.5之间的弱酸性土壤，都为适宜茶叶生长的环境元素。因此这一口号是对宜昌产区优势的价值刻画。

品牌口号 ▼

宜山 宜水 宜红茶

在核心价值的构建基础上，我们进一步从茶叶生长环境、产业与工艺、地方人文、茶之底蕴、茶之功效等方面挖掘了宜昌宜红的差异优势，总结与演绎为消费语言，形成了宜昌宜红的品牌价值支撑体系。

宜山宜水：宜昌的武陵山水、清江画廊所营造的立体气候，加之以弱酸性为主、富含锌硒等微量元素的种植土壤、以及400~1000米的种植海拔，共同成就了适宜红茶生长的绝佳环境。

活态申遗：始于19世纪中叶的宜昌宜红茶产业，在百年的发展历程中，形成了机械化的生产线，这是现存生产线中最为古老的活遗产，是中国罕见的工业活态遗产。

万里茶道：作为万里茶道的"主力军"，"宜昌宜红"是为万里茶道而生的茶，是中西方文明交流的重要载体，更是历久弥新的民族骄傲。

天下正宜：19世纪中叶，"宜红"作为"宜昌红茶"的简称，正式出现在历史记载中，从此展开了"宜红茶"在宜昌土地上的辉煌篇章。

四海皆宜：宜昌宜红茶形条索紧细有金毫，色泽乌润，香甜纯高长，味醇厚鲜爽，汤色红亮。下了无数功夫的宜昌工夫茶，拥有四海皆宜、老少皆宜的上等品质。

品牌价值支撑 ▼

环境
宜山宜水

工艺
活态申遗

文化
万里茶道

荣誉
天下正宜

功效
四海皆宜

符号体系——深刻与直观的融合

在符号设计方面,我们深入挖掘与提炼了宜昌特色文化元素、产品特色,并对其进行"深入浅出"的符号表达,意在减少品牌传播阻碍、降低品牌传播成本。从宜昌山水出发,我们将其融合进一叶茶叶之中,构建了"宜昌宜红"的独有山水意境:

品牌标识 ▼

在主形象中以负形的形式植入"宜昌"二字,并以青铜器中的"回纹"为表现形式,凸显品牌的产区价值与历史文脉价值的同时,也提升了"宜昌宜红"品牌格局。品牌字体采用古朴的书法字体呈现,内植"回纹"的表现形式,搭配"宜昌1824"的印章纹样,进一步呈递出品牌的历史底蕴,强化品牌深层价值表达。

品牌辅助图形的设计，依托于中国传统文化符号"玉璧"的形式，借助其"圆满、幸福"的寓意，为品牌注入美好希望，同时该形式也可加深品牌与消费者的沟通。

在"玉璧"之中，进一步融合了"茶叶""茶杯"等产品元素、"渔洋关码头""古茶道""古茶船""汉阳桥"等宜昌历史文化元素，共同铸就品牌的深厚底蕴与未来的美好愿景。

品牌辅助图形 ▼

落地包装、宣传物料示例图

传播策略——传统与现代的融合

红茶产品正在逐渐趋年轻化,据相关调查显示,红茶产品在电商平台的销量位居其他茶类前列,各大红茶品牌也不断推出年轻化产品,以占据日益壮大的年轻红茶消费市场,因此课题组在构建"宜昌宜红"品牌传播策略时,以常规传播方式为基础,着重考虑年轻消费市场,针对年轻消费人群进行品牌年轻化传播路径的构建。

1.年轻化品牌辅助形象的打造。从特色茶马古道文化出发,在一匹茶马的形象中,融合了年轻化、趣味化的红茶延伸产品特色,并且寓意着"马上喝茶"的趣味内涵。

玫瑰红茶　　蜜桃红茶　　奶盖红茶　　桂花红茶

柠檬红茶　　甜橙红茶　　奶茶　　红茶拿铁

2.年轻化品牌产品的打造。在产品包装与产品设计上凸显年轻化、趣味化、简约化的特色,更加贴近年轻消费人群。

3. 年轻化传播内容的打造。充分利用"宜"字在汉字中的多重含义，联动中国传统文化中的日历文化，打造"今日宜"系列品牌年轻化、趣味化的传播内容。

4. 年轻化品牌传播活动的打造。如：打造时尚化、年轻化、休闲化茶空间；通过奶茶这一载体进行品牌联合营销；开展"定制你的专属茶品"千人定制活动等趣味活动，充分吸引年轻群体的关注。

山水是所有茶叶品牌的基础性价值，也是共性价值，"好山好水出好茶"的理念是所有茶客的共识。如何在山水的共性诉求上凸显个性，是各茶叶品牌在创建过程中需要思考的重要问题。区域文脉价值，则是提供差异化的重要来源。将山水与文脉交融，是对茶叶品牌共性价值与差异价值的综合提炼与表达。宜昌宜红茶，既是三峡山水孕育的生态好茶，也是楚地文脉孕育的文化好茶。

民族文化的价值赋能
——江华苦茶

文/贺梦晗

江华瑶族自治县(以下简称江华县)地处湖南省正南端,是我国瑶族人口最多的县。瑶族是一个热爱饮茶的民族,他们在数千年前的迁徙过程中发现了江华瑶山中藏着的珍稀野茶,于是依山建寨,采茶炒制,久之形成了特色鲜明、远近闻名的"江华苦茶"。江华苦茶曾是贡茶、省级名茶,而江华也被列为湖南省第一批茶叶出口产品生产基地。但近代以来,由于种种原因,江华苦茶在激烈的市场竞争中却倍感力不从心。

如何振兴江华苦茶?2019年,从湖南省农业科学院来到江华挂职副县长的陈江涛与江华县农业农村局找到芒种品牌管理机构,希望打造凸显江华特色文化的茶叶品牌。

江华苦茶,于芒种品牌管理机构而言并不是一个熟悉的品牌。因此在正式调研之前,项目组从历史文化、生长环境、产业基础、产品特色、消费认知等维度进行了大量的背景调研,并依据《2019中国茶叶区域公用品牌价值评估》的数据对"江华苦茶区域公用品牌"的发展现状做了系统分析。基于背景研究,项目组将江华苦茶的品牌价值聚焦于"瑶文化",并通过实地调研,验证合理性。

探寻"瑶文化"

"南岭无山不有瑶",南岭是瑶族的主要聚居地,这一区域瑶族人口达109万,占全国瑶族总人口的42%。这片土地,森林覆盖率高,保留着完美的绿色生态系统,被誉为"华南之肺""天然氧吧""野生动植物基因库",区域内存有大量上百年野生古茶树。江华,正是位居南岭山脉腹地,北纬25°穿境而过,此区域最适宜种植适制红茶的茶树品种。位居世界四大红茶的印度大吉岭红茶、阿萨姆红茶就产于这条黄金线,中国祁门红茶也在其附近。

数千年前,热爱饮茶的瑶族先民迁徙至此,发现山中野茶,于是依山建寨、繁衍生息。在瑶族的故事中,苦茶是为祖先盘王解毒的神草,也是瑶族人居家生活的必备品。瑶山湿气、寒气重,有时甚至还有瘴气,瑶族人在与自然作斗争的过程中发现,饮用苦茶能够去湿、祛寒、祛瘴,当地也流传用陈年苦茶治疗感冒、关节炎等疾病,于是,江华苦茶又被誉为"瑶都神草"。根据"考茶说茶"的记载,2000多年前,江华的茶已备受社会上层人士青睐,一箱箱苦茶翻山越岭来到古长沙城,长沙马王堆发掘的汉墓中就藏有一箱苦茶。

项目组从县城出发,驱车三小时才到达江华的岭东区域,这里有着最原始的江华苦茶。一路上,山林绵延,云雾缭绕,鲜见人家,直至深处,才见到了村落与散落在群山中的至少2米多高的江华苦茶原种。多是上百年不修边幅的古茶树,瑶民需要爬到树干上才能采到茶叶。古法制茶的方式亦是简单,鲜茶叶稍加晾晒后放入热锅内,用双手把茶叶揉搓成条索后再晒干,用纸包好,吊挂在厨房的灶台上。这样做出来的茶,人间烟火气中带着淡淡的药香。

热情的瑶族人家以原汁原味的野生茶热情地款待了我们。江华苦茶素来具有"古""苦""长""早"的特点，其茶多酚含量全省最高，据湖南省茶叶研究所检测，江华苦茶水浸出物总量48.5%，多酚类含量39.21%，氨基酸含量164mg/100g，是制作红茶的优质原料。因此十分耐泡，冲到五六碗水时，茶水味依然浓，正应了一句瑶族的俗话："头碗水，二碗茶，三碗、四碗尽量呷!"

喝酒、喝茶、唱歌是瑶族同胞的三大最爱。每到茶季，瑶族少男少女会不时相约在茶山上对歌："六月摘茶红火天，茶叶不细可新鲜，哥哥莫嫌茶粗了，样子粗来茶味甜。"国家非物质文化遗产瑶族《盘王大歌》中就收录了八首茶歌。"身浴朝阳头戴花，小村溪畔笑声哗；姑娘本是瑶家女，一担歌声一担茶。"

纵观江华县域与茶产业的历史文脉，瑶族文化贯穿其中，赋予这方土地独特的民族魅力。江华苦茶是瑶族同胞世代相传的民族茶饮，与苦茶相关的瑶族神话传说、民俗资源均十分丰富，民族色彩浓烈。经过多方验证，江华苦茶的民族特色，可以成为差异化价值的落脚点。

链接"瑶文化"

探寻江华苦茶的"瑶文化"与消费者的链接，可以追溯到苦茶名字的由来。苦茶之名，源于一个美丽的误会：江华瑶族热情好客，当远方贵客到来时，主人会敬上一碗茶。客人笑问，这是什么茶？瑶家人答："苦茶"。因瑶语"好"与汉语"苦"谐音，便被大家叫成了"苦茶"。所以，江华苦茶，即为瑶山好茶。由此创意品牌口号：

品牌口号 ▼

江华苦茶，瑶山好茶

　　"好茶"呼应了瑶族语言与汉语言的奇妙谐音,蕴藏瑶族与汉族爱茶人的缘分故事,是瑶家人与远方茶人共同之作,巧妙地传递了"苦即是好"的寓意,给人无限的想象空间,亦体现了产品优异品质。另一方面,"名山出好茶"的传统认知在消费者心目中根深蒂固。江华瑶山云雾缭绕、绵延不绝,千百年来瑶族人依山建寨,常年喝茶,健康长寿。对于江华苦茶而言,"瑶山"就是其有力的生态环境背书。

　　江华苦茶品牌主形象以瑶族服饰上的"八角纹"为创意元素,形成一个"茶"字。八角纹传承自瑶族古老的图腾文化,象征太阳,隐含对品牌未来发展蒸蒸日上、一片光明的美好祝愿。细节处提取了瑶族织锦元素,用几何图形的方式绘就三条不同的织锦,每一条的纹路均有细微变化,体现瑶族文化的多样与璀璨。红底黄白线是瑶族服饰常用的搭配色调,民族感强烈,图形亮眼夺目。

品牌标识 ▼　　　　　　　　　　　　品牌辅助图形 ▼

常规包装、宣传物料示例图

好茶出瑶山

依据品牌核心价值,瑶文化是江华苦茶差异化竞争的所在。因此在品牌传播活动中,江华始终围绕瑶族文化主题,在形式、手段上加以创新,打响江华瑶都的名号,将江华苦茶打造成为中国少数民族典范茶叶品牌。

依托辉煌的历史与独特的品质,江华苦茶仍是诸多茶界专家心中的"白月光"。借茶界意见领袖的理论来传播品牌,事半功倍。于是,江华在品牌规划核心内容确定后,即召开了江华苦茶产业发展高峰论坛,展示全新价值体系,以瑶族礼仪向来自湖南省茶业界的专家、教授们敬上一杯瑶山好茶。专家们云集江华,就江华苦茶产业发展、市场营销、品牌建设、茶旅融合、茶与文化等话题开展交流和发言,为江华苦茶的发展壮大和树立品牌进行了多方论证。此外,江华苦茶也以新形象频频亮相各大展会,表演《瑶族茶歌茶舞》,全面宣传、展示、推介了江华苦茶。

2021年的茶季,江华与其他地区一样,书记、县长齐齐上云端,与瑶族姑娘们一起为江华苦茶代言。4月17日,江华县委副书记、县长龙飞凤化身"直播达人",在江华涛圩镇的牛牯岭万亩生态茶场向广大网友和观众介绍"江华苦茶"。5月1日,江华瑶族自治县副县长陈江涛与湖南卫视主持人张丹丹一起为网友"安利"江华苦茶。

江华亦通过对域内野生古茶树的保护利用,将江华的生态环境与民族文化优势结合,创造热点事件,迅速提升江华苦茶传播热度,让昔日种在深山只能"自饮自乐"的瑶山"树叶",就地化身为群众脱贫致富的"黄金叶"。

瑶族,是中国最古老的民族之一,古代东方"九黎"中的一支。瑶族认为万物有灵,尊崇与自然和谐相处,因此,江华的瑶乡生活和谐安逸。瑶人善良、孝顺,遵守祖宗家法与制度,恪守本民族流传下来的礼制与传统,性格朴实单纯。传承千年的江华苦茶,是瑶族人向远方贵客敬上的瑶山好茶。品牌化与数字化结合,让这杯民族好茶重新焕发活力!

梁平柚

区域文脉的新时代演绎

文/周叶润

每个地理标志产品，在其诞生之初，即带有深厚的文化底蕴。品牌建设的过程中，各地农产品经营者都意识到发挥区域文脉优势，能够为品牌带来差异化、价值感。但经过对全国大量省市农产品品牌建设的调研后，我们发现有非常多农产品经营者存在着"错用"区域文脉的现象。

一方面，许多农产品经营者并没有尊重文脉，在产品的包装设计、符号呈现、品牌个性的表达中，人为的令文脉断流、抛弃了文化传承，不仅导致产品的文化断层，也让消费者摸不着头脑；另一方面，有许多品牌建设者在努力运用文脉之时，缺少对消费者和地域、产品的文脉的关联度之间的洞察与沟通，对文脉的运用缺乏时尚化演绎，无法被消费市场所接受。

于是，胡晓云老师提出了品牌建设时如何尊重文脉，利用文脉的专业建议：演绎历史文脉、承袭地域文脉、挖掘产品文脉，并通过文脉资源的整合，传承文脉体系，创新文脉意义，加强时尚化表达，链接现实消费生活。

芒种团队在 2019 年为重庆市梁平区所制定的梁平柚区域公用品牌战略规划，即是将文脉价值与消费市场链接的典型案例。

多维度, 挖掘梁平柚的文脉价值

"四面青山下，蜀东鱼米乡；千家竹叶翠，百里柚花香。"这首传唱的就是梁平区，梁平区属重庆市辖区，坐落在四川盆地东部平行峡谷区，高梁山和明月山孕育出巴渝第一大平坝——梁平坝子，龙溪河蜿蜒流淌，滋润了这千里沃野、万顷柚林。有着"小天府"美誉的梁平，处在全市"一区两群"和川东北的重要联结点上，是重庆主城通往三峡库区的陆上必经之地。

梁平四季分明，气候温暖，雨量充沛，日照偏少，年平均气温在 16.6~18℃，孕育出滋味甜美的梁平柚。每当金秋十月，霜降过后，一颗颗圆润硕大的梁平柚就正式与世人见面了，闪着金黄的色泽，携着浓郁的芳香，皮薄光滑易剥离，果肉淡黄晶莹，汁多味浓，有着"天然水果罐头"的美誉。

作为与广西沙田柚、福建文旦柚齐名的全国三大名柚之一，梁平柚的产业地位十分显赫。2004 年，梁平被农业部授予"中国名柚之乡"称号。2008 年，梁平柚被农业部纳入"农产品地理标志"登记保护。

据四川省档案馆资料和《梁山县志》记载，梁平柚系清乾隆末期，由乾隆五十七年进士，任福建省某县知县的梁山人刁思卓引进，植于梁山县梁山镇内，目前已有200 多年的栽植历史。梁平县柚文化源远流长，清人对梁平柚曾有这样的描述："其色金黄，柠檬不能比其艳，红橘不能比其雅；其香幽馥，骆于舍内，异香满室，骆于园中，香飘十里；其味甘醇，橘莫能比其甜，梨不能比其清；其形肥美，诸果莫及……"自此，梁平柚逐渐确立了"中国三大名柚"的历史地位。

同时，梁平还拥有极具特色的地域文脉符号——双桂堂，在佛教界地位崇高，被尊为"西南佛教禅宗祖庭"，在中国及东南亚佛教界都拥有显著地位，世谓之"西南丛林之首""第一禅林""宗门巨擘"。近代著名书画家、佛学家竹禅大师也担任过双桂堂第十代住持方丈。

双桂堂之所以是"堂",而不以"寺""庙"命名,只因这里原本是一个旧式学堂。后人附会颇多,称双桂堂是西南禅宗之"大学堂","教"出一批方丈与住持。双桂堂创始人破山,一生培育弟子一百余人。后来,这些弟子分赴重庆、四川、云南、贵州、陕西等省市甚至东南亚地区,中兴了许多毁于战乱的寺院,成为西南汉传佛教的主体,故有"渝川滇黔禅宗祖庭"之称,并尊其为"堂"。

民间特色文化,梁平也是一绝。抬儿调、梁平竹帘、梁山灯戏、木版年画、癞子锣鼓等民俗艺术交相辉映,梁平被誉为"中国民间文化艺术之乡"。

在挖掘和提炼梁平柚的多维文脉的基础上,我们充分思考了新时代消费市场趋势、移动互联媒介传播特性,改造、创新了文脉价值,为梁平柚打造了极具特色的人格化、年轻化的品牌形象。

口号上,对文脉价值的凝练表达

在品牌核心价值的构建环节,我们充分结合了梁平柚的产业历史文脉与区域文脉,将其凝练成品牌口号与价值支撑体系。

对于梁平柚而言,一方面其具有200年的产业历史,是当之无愧的"百年名柚";另一方面,梁平名声远播的双桂堂不仅在佛教界地位崇高,而且是真正"桃李满天下"的"名堂"。将两者相结合,就碰撞出"有名堂"的梁平柚品牌口号:

百年名柚,大有名堂

这一口号从定位的角度以"百年名柚"进行市场区隔和占位,意在重塑梁平柚的历史声誉和行业地位;与"大有名堂"相链接,形成前后的因果关系,让人想要探知"百年名柚"的与众不同之处,从而引导消费者对梁平柚的品牌和产品有更深入的了解,进一步在消费者心中留下梁平柚的品牌印记和形象认知。"大有名堂",一方面表达了梁平柚产品的与众不同,另一方面融合了双桂堂的知名度,让地域文化与产品特征相辉映,从而达到易于识别和记忆的传播效果。

同时,在重塑梁平柚品牌的过程中,我们从梁平柚自身特点出发,基于其所拥有的古树资源、名柚地位、产品特色、食疗功效、文化底蕴等方面进行梳理和提炼，得到一系列具有鲜明特色的基础价值点，在此基础上结合"有名堂"的品牌口号，构建成梁平柚区域公用品牌的品牌基础价值体系。

有名堂的古树：百年老树，三大名柚

梁平柚系清乾隆末期梁山人刁思卓引入栽培，在梁平的自然气候条件下，逐步演变成如今的梁平柚，历经200余年，至今尚存5000余株百年老树，依然生长健壮，硕果累累，品质优秀，为"中国三大名柚"。

有名堂的柚子：汁多味浓，细嫩香甜

梁平柚果肉淡黄晶莹，香甜滋润、细嫩化渣，汁多味浓，营养丰富，具有"天然水果罐头"之美誉。与其他名柚相比，梁平柚可食部分是最多的，酸度是最低的，果汁含量也是最多的，Vc 含量也是比较多的，综合优势突出。

有名堂的要膳：必要膳食，健康水果

梁平柚含有较高的柚苷、柠檬苦素等保健功能成分，具有润肠通便、利尿生津、消食平喘等特有功效，特提出"要膳"概念，意为"必要的膳食水果"，让人易于联想到"药膳"，从而加强梁平柚产品的功能性认知。

有名堂的文化：物华天宝，人文荟萃

梁平自古"民力于农"，为"川东粮仓"，有"万石耕春"之景，素有"四面青山下，蜀东鱼米乡，千家竹叶翠，百里柚花香"之美誉。有被尊为"西南佛教禅宗祖庭"的双桂堂，拥有诸多非遗文化，其中五个为国家级非遗项目。

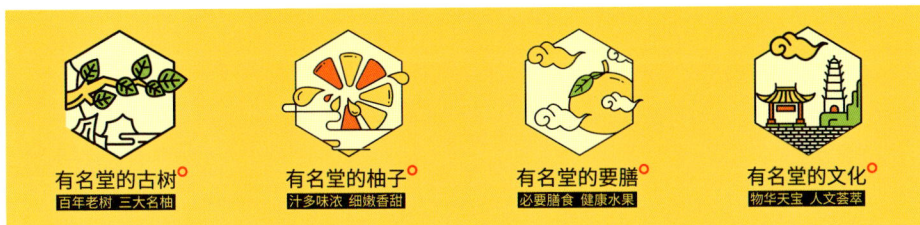

同时，为了直观地向消费者展示梁平柚的产品特点"香、甜、色"，分别从嗅觉、味觉、视觉三个角度入手，让消费者形成更为直观的印象与记忆，创意梁平柚的产品口号"柚香柚甜柚出色"。"柚"与"又"同音，使得这句品牌口号简单直接，朗朗上口，易于传诵，降低传播成本，加速品牌认知。在新媒体环境之下，消费者拥有更强烈的表达欲望与个性诉求，梁平柚基于"出色"的品牌定位与价值能够满足消费者对品牌的情感诉求。一方面，"出色"表明了梁平柚作为"百年名柚"与众不同的产品态度，另一方面，"出色"也形成了与消费者的互动链接和精神激励，成功建构起"梁平柚"就是"励志柚"的品牌认知。在众多柚品品牌中以独特的人格实现差异化竞争。

符号上，对文脉价值的创新改造

在品牌符号的创意上，我们基于对消费市场的思考，将梁平的几大特色民间艺术形式进行符号化改造，以区域文脉形式构建起特色的梁平柚品牌形象。

如今，消费者追求的不再单单是满足需求的实际性消费，而是更多地体现在消费过程中的个性化的实现以及自我价值认同的满足感。正如现代营销学者菲利普·科特勒所说，"一个成功的人格化的品牌形象就是其最好的公关，能够促使顾客与消费者的关系更加密切，使消费者对品牌以及其内在文化的感情逐渐加深。最终，品牌在消费者心中的形象，已经不仅仅是一个产品，而渐渐演变成了一个形象丰满的人，甚至拥有自己的形象、个性、气质、文化内涵。"

因此，为构建更为直接的消费关系，我们确立了为梁平柚塑造一个"人格化"品牌形象的战略方向。以柚子的果形为创作蓝本，结合梁平柚特色木版年画开脸的艺术形式，将柚子进行拟人化，形成个性鲜明、简洁可爱的视觉符号。

在形式上以梁平柚子形状为创意原点，以拟人化的手法融入人物特征，形成一个活泼、可爱的"柚娃"卡通人物形象。"柚娃"举着大拇指，既是为梁平柚的出色品质点赞，也是为梁平柚的百年名柚身份点赞，更与口号中"有名堂"和"柚出色"相呼应，情景交融，形神兼备。同时，巧妙地将柚瓣儿形状、梁平木版年画开脸的艺术手法融入其中，让整个人物更生动形象、活泼可爱。

整体造型巧妙地将"柚子"与"人物"相结合，让品牌人格化，简洁生动、活泼可爱，更易于年轻消费者的接受和认可，有利于加快品牌传播，形成品牌认知。同时"柚娃"表情可以在后期进行创意延展，以不同的表情在不同的媒介和场景下应用和传播，让品牌更容易落地生根，更快速占领消费者的心智，从而形成梁平柚独特的品牌烙印。

品牌标识 ▼

同时，在辅助图形的创意上，我们以梁平国家级非物质文化遗产"梁平抬儿调"为创意原点，结合梁平癞子锣鼓、梁山灯戏、梁平木版年画等非遗文化元素，辅以活泼、鲜亮的色彩，构建了一幅梁平柚喜获丰收、梁平农人乐观豁达的幸福生活画面，也预示着梁平柚是一颗让人快乐的果实。画面中大家欢快地抬着一个金黄的大柚子，唱着"抬儿调"凯旋归来，紧随其后的是梁平癞子锣鼓的"锣鼓喧天"，梁山灯戏的"嬉闹诙谐"，路边是一棵百年柚子树，背景是若隐若现的历史人文景观——"万石耕春"景象和双桂堂，向人们展示着梁平的历史风貌和文化底蕴。

品牌辅助图形 ▼

　　我们认为，为梁平柚所设计的这一套人格化品牌形象，可以从两方面引起消费者的共鸣。一方面是消费者对品牌的认知，通过人格化的符号设计做到了从抽象到具象的升华，大大提高了消费者对品牌的感知流畅性，帮助消费者更好地理解品牌。另一方面，这一系列亲切可爱的形象能够更好地与消费者交流，人格化的品牌形象更易于与消费者进行互动，大大满足了消费者对品牌的情感诉求。

　　同时，梁平柚的系列人格化符号形象，印证了地理标志产品的文脉价值，在新时代可以有"潮流化""趣味化""年轻化"的表达。

灞桥樱桃
再塑想象空间 重拾邂逅之美

文/茅嘉豪

当代消费者的农产品消费观与以往已经产生了巨大的差异。农作产品成为消费者精神追求的投射,农产品本身给消费者带来生理上的酸甜风味以外,其背后蕴含的故事和文化也成为消费者的精神粮食。然而,故事常有,发现故事、传达故事的人不常有。本文借灞桥樱桃的品牌塑造之路,探讨如何展现农产品背后的故事。

寻觅：
阅览千年历史

　　西安市中心往东十公里，便是灞桥地界。灞桥区属西安市市辖区，自古为关中交通要冲、长安东出通衢。作为西安市内唯一拥有山水、塬地特色地形地貌的主城区，灞桥区也是西安市重要的生态涵养功能区。关中沃野平川之上，浐、灞、渭三河在灞桥境内交汇，带来了充沛的灌溉资源，也为城市注入了灵动生气。

　　得益于优厚的自然资源，灞桥区孕育出众多品质独特的丰富物产，而这其中最引人瞩目的，当属灞桥樱桃。灞桥区有久远的樱桃种植历史，最早可追溯到西汉张骞出使西域时期。彼时在灞桥区种植的还是中华樱桃，娇小鲜亮，因此享有"玛瑙"之誉。时至今日，灞桥区已遍种果大色艳的甜樱桃，而灞桥人依然习惯用"玛瑙"作为对樱桃的爱称。

　　千百年来, 樱桃陪伴灞桥人左右, 丰富了灞桥人的味蕾, 也滋润了灞桥人的生活。上世纪末开始, 灞桥区引进了甜樱桃进行培育种植, 现代化、规模化的樱桃产业由此起步, 逐渐成为灞桥区的支柱产业。到了21世纪, 在政府的大力推动下, 灞桥樱桃得到进一步发展, 农民合作社、家庭农场等新型经营主体纷纷涌现, 现代农业园区亦依次拔地而起。如今灞桥区已建成4万亩樱桃产业园, 成为西北最大的樱桃生产基地之一。

勾连：
品味风土人情

　　在产业发展取得阶段性成果后，灞桥区农业农村局，代表灞桥区委、区政府，于2020年委托芒种品牌管理机构，为灞桥樱桃编制区域公用品牌战略规划，以系统的顶层设计整合全区资源，助力灞桥樱桃更上层楼。一接到这项任务，芒种品牌管理机构就迅速组建项目组，于四月下旬启动了调研工作。

　　与灞桥樱桃的邂逅，是在仲春的柳絮飞雪中。正值草长莺飞、花红柳绿的时节，四月的灞桥展露出了盎然蓬勃的生机，而枝头初探的颗颗樱桃更是叫人好不喜爱。一树苍翠掩映间，红艳欲滴的樱桃隐约可见，仿若碧玉缀着玛瑙诱人品鉴——捡一颗樱桃入口，清甜与果香迸发唇齿间，好似韶光和醺风于此流连，又像是将西安的整个春天尝了个遍。

　　灞桥樱桃的美味自不消多说，当项目组更进一步深入了解灞桥区后，灞桥樱桃给我们带来的回味变得更为丰富。这片土地上，流传着太多传说与故事。东周时期，周平王迁都洛阳途中曾见灞桥原上有白鹿游弋，因此将这块区域称为"白鹿原"；春秋时期，秦穆公在此成就了王朝霸业；唐宋时期，无数文人墨客在灞河柳岸吟诗送别；到了近现代，本土作家陈忠实先生以一部《白鹿原》，铸就扛鼎文坛的巨作。灞桥樱桃生长于灞桥，凝聚了这方土地的山光水色，承载着灞桥的诗情画意。

再塑：
唤醒初见美好

当前时代，我国消费者在消费农产品时，不仅关注其理化特性，更在意产品背后的文化、故事，期待通过品尝风味去感受一地风情、彰显自身的价值追求。灞桥樱桃作为一种美的介质，能够带来甜蜜美好的感官体验，也能够勾连起人对山水的想象。品味灞桥樱桃，不仅是品味这方寸间的酸甜滋味，更是要品味灞桥这片天地的风土人情。

作为西安市六大主城区之一，灞桥区天然占据了西安市的广阔消费市场。摘樱桃、品樱桃早已成为西安市民的生活日常，樱桃对他们而言也绝非稀奇事物。灞桥樱桃走入了千万寻常人家，而她的美却不免被人忽视。消费者追求着美，却往往没有发现身边的美。有感于此，项目组根据对灞桥樱桃的价值梳理，通过营造场景的方式再塑品牌的想象空间，从而唤醒消费者"初见"灞桥樱桃的那份美好。由此，确立灞桥樱桃区域公用品牌口号为：

寻踪白鹿原 此物醉红颜

该口号方案字面含义是：消费者在白鹿原上游览、寻觅，只为这颗艳丽、甜美的灞桥樱桃而沉醉。口号通过诗意的语言，塑造出生动的消费场景，也为灞桥区的农旅发展提供了新的助力。选择该句品牌口号，具有如下优势：

撬动农旅资源。灞桥区位于西安市主城区东部，距西安市中心约 10 公里路程，称得上是西安的城市后花园。灞桥区通过樱桃采摘、白鹿仓等景区的联动，原本就有良好的农旅基础，每年有 1200 万人次的旅游人口。通过该口号能更好地推动区域农旅发展，进一步撬动西安主城区 1000 万常住人口及 3 亿旅游人次资源。

深化区域认知。自陈忠实先生的《白鹿原》小说问世以来，"寻踪白鹿原"早已蔚然成风。白鹿原古时就有"灞上"的称谓，而随着白鹿仓景区的落成，白鹿原与灞桥区产生了更为深厚的联结。通过该口号能进一步强化此联结，深化消费者"白鹿原就在灞桥区"的认知，既是为灞桥樱桃的品牌提供支撑，更能助力于灞桥区的发展。

赋予美好想象。白鹿原的名称源自一个美好的传说，相传周平王迁都洛阳途中曾见原上有白鹿游弋，因此将其命名为"白鹿原"。在中国古代，白鹿是智慧和祥瑞的代表，被认为是来自自然、与植物共生、充满仙气的精灵。通过该口号能赋予灞桥樱桃与白鹿共生的美好想象，也让其与"凡俗"的其他樱桃产生了区别。

拉近消费距离。作为一种颜色艳丽、口味甜蜜的水果，樱桃天然具有女性化的柔美气质，给消费者带来温柔的感受和美好的想象。灞桥区不论从区域名称的读音、字形上来看，还是从历史文化的传承来看，都给人以刚正、硬朗的印象，与樱桃传递给消费者的形象有所出入。该口号通过白鹿原和诗意的表达，使品牌更加柔化，拉近了与消费者间的距离。随后，项目组对灞桥樱桃的整体形象进行了同步升级。

品牌标识 ▼

　　灞桥樱桃的品牌主形象是基于其地缘文化和产品特征创意而来的。灞桥樱桃的主产区白鹿原，因周平王迁都洛阳时曾见原上有白鹿游弋而得名，是一个寄托了美好想象、洋溢着传奇色彩、更拥有出众生态的区域。灞桥樱桃生长于此，便成为了凝结着美好、传奇和生态的自然作物。由此提炼出鹿和樱桃这两个符号元素，巧妙融合形成了灞桥樱桃的品牌主形象。该符号整体上是一只跃动的鹿，象征着白鹿原主产区，也彰显出灞桥樱桃不断进步、不断超越的品牌精神；鹿的身体中藏着两颗樱桃，意指灞桥樱桃产自白鹿原。

　　在颜色选取上，以樱桃的红色和新叶的绿色为基础，表现出灞桥樱桃原生自然的品质特点。同时鹿身为绿色，樱桃为红色，也寓意灞桥樱桃产自绿色生态的白鹿原，为消费者带来健康自然的甜蜜滋味。

　　基于品牌主形象，形成品牌识别性和立体传播价值，例如产品包装、常规宣传物料、常规衍生品等，统一品牌对外的视觉形象。

品牌辅助图形 ▼

常规传播示例图

　　2020 年 5 月 15 日，2020 西安市"灞桥樱桃"宣传推介暨樱桃采摘文化旅游节启动仪式在白鹿原麦草人农业公园启幕，灞桥樱桃区域公用品牌的全新形象在此次活动中发布，灞桥樱桃就此开启了品牌化运营的全新篇章。借由诗意的语言、浪漫的符号，独属于灞桥的这份美好被传递给消费者，也唤醒了消费者关于美好的甜蜜想象。相信在灞桥人的努力下，这只小鹿能一路领跑、不断超越，把诗意甜蜜的生活送入更多人家。

临渭猕猴桃
打造猕猴桃品牌中的"异类"

文/周叶润

———————

"这是一个最好的时代,也是一个最坏的时代",这句话用来形容当前猕猴桃品牌市场再合适不过了。

从20世纪开始,世界范围内猕猴桃产业兴起,近30年来呈现持续稳定增长态势,目前全球形成了中国、意大利、新西兰、智利、希腊为主要生产国的全球猕猴桃产业布局。其中,中国作为猕猴桃生产大国,产业发展尤为迅速。当前的中国猕猴桃种植面积与产量远超各国,稳居世界第一。对于猕猴桃产业从业者来说,这是一个欣欣向荣的产业,也是一个蒸蒸日上的消费市场。

但是,随着近年来猕猴桃播种面积"大跃进"式增长、种植品种的趋同化、种植技术的普及化,各产区所产猕猴桃之间的差别越来越小,在终端市场,消费者也难以辨别各产区猕猴桃的区别。从品牌角度,差异性已难以凸显。

如何冲破品牌同质化困境,是我们在打造临渭猕猴桃区域公用品牌战略规划过程中,思考最多的问题。我们也认为,差异化是绝大多数猕猴桃品牌打开消费市场大门的那一把金钥匙。

简而言之,猕猴桃品牌市场中,需要一个"异类"。我们所打造的临渭猕猴桃品牌,无论从品牌价值还是品牌形象上,就是这么一个"异类"。

寻找差异价值——临渭"塬"的故事

当大多数猕猴桃产品差异化难以凸显之时,我们将目光放到了产区特色上。纵观全国猕猴桃种植版图,临渭猕猴桃在种植地形上具备鲜明差异。全国各主要猕猴桃产区的地形多种多样：贵州修文猕猴桃为高原地区种植而成；河南西峡猕猴桃为山区种植而成；四川都江堰猕猴桃、陕西周至猕猴桃、眉县猕猴桃大部分都在平原之上种植而成。而临渭猕猴桃，大部分都种植于其南部塬区。"塬"，是我们寻找到的临渭猕猴桃品牌差异所在。

同时临渭南部塬区中，最具代表性的就是著名的"长寿塬"。因南靠秦岭山脉，季风在此被高大的山脉阻挡，水汽聚集于此，形成长寿塬不同于其他塬区的湿润气候，加之黄土塬地特有的深厚土层，造就长寿塬极其优越的垦殖条件。当地传有民谣歌颂长寿塬的优质地理生态环境："南靠秦岭山，绿水环三面。空气多湿润，碧野尽良田。"正是肥沃的土地，充沛的雨量，带来了塬上作物的尽情生长，常年丰收，人们便将其塬称之为"长收塬"，后因谐音演变为至今所说的"长寿塬"。可见，"塬"，是临渭猕猴桃的优势所在。

凝练差异化价值："塬生就是好"

为打造临渭猕猴桃的品牌差异价值，我们对"塬"进行了深入研究，发现其能够承载与呈现更多的价值。首先是文化价值，塬是农耕文明的起源之地（黄土高原），是中华文化的传承，更代表着中国最本质、最传统、最淳朴的生活方式。其次是消费价值,经调查分析,消费者对于"塬"的形象较为陌生,但具有较为强烈的正面积极联想意义,通过抢占"塬"这一概念,能够有效激起消费者兴趣,进而产生购买行为。

以上分析,即创意临渭猕猴桃区域公用品牌口号为:

临渭猕猴桃,塬生就是好!

"塬生就是好"这句品牌口号,意在借"塬"概念,向消费者传递出临渭猕猴桃产区"生态好、纯自然、传统、土壤肥沃"等特色优势。同时顺应消费市场需求,以"塬生"二字尽现临渭猕猴桃"原生"形象。口号整体上直抒胸臆,语气坚定,具备感染力与消费指向性。

基于"塬生就是好"这一品牌口号,以临渭猕猴桃产区水源、土壤、气候、生态、农心五大角度进行诠释,充分展现临渭猕猴桃的优质性,形成"临渭猕猴桃"品牌价值支撑:

长寿塬生好:生在秦岭下,长在渭河畔。

秦岭山泉好:山泉水灌溉,纯净水滋养。

厚土营养好:塬上积营养,厚土百米深。

黄金气候好:昼夜温差大,光照时间长。

渭农匠心好:三贤精神传,渭农匠心扬。

差异化符号表达:真正的"猕猴"桃

猕猴桃看似是"舶来品",实际上却是"土生土长"的国货,原产于我国秦岭地区,栽培历史已有1300多年,"原生"的中国猕猴桃,应该拥有"原生"的品牌形象。为进一步凸显临渭猕猴桃的品牌差异性,延续"塬生"价值,我们追根溯源,从"猕猴桃"的历史渊源中寻找"原生"价值。

《本草纲目》中记载:其形如梨,其色如桃,而猕猴喜食,故有诸名。明确阐述了猕猴桃名字的渊源,因猕猴喜欢吃,所以得名"猕猴桃"。

这是一个非常有趣的猕猴桃知识,也是值得在品牌形象层面思考的方向。因此我们摈弃了市面上各猕猴桃品牌形象的惯有思路,创造性地将猕猴形象融合进临渭猕猴桃品牌主形象中,创造了一个独属于临渭猕猴桃的"原生形象"。

　　"临渭猕猴桃"的猕猴形象俏皮活泼,圆润的外形凸显了临渭猕猴桃的果实饱满,头部"LW"的字母设计强调了品牌的区域属性,字体设计上以卡通字样呈现,形成活力十足、差异十足的品牌主形象。

　　品牌辅助图形的设计延续品牌主形象的风格,创造了一幅活灵活现的"猕猴闹桃园"的场景,生动展现了"原生"的猕猴桃特色,同时也进一步强化"猕猴"的品牌形象,强化消费记忆度,使人过目难忘。

品牌标识 ▼

品牌辅助图形 ▼

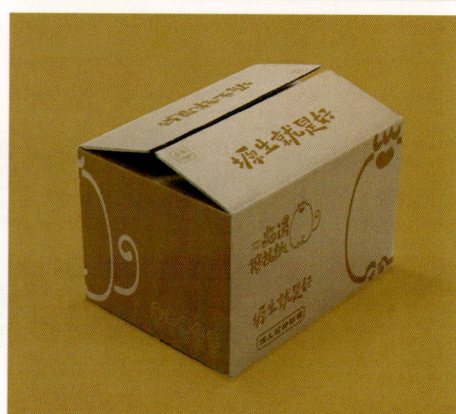

常规包装、传播示例图

"猕猴"出山：果业大会品牌精彩亮相

2019年11月23日上午，2019第5届中国果业品牌大会、第三届中国(长沙)优质果品博览会暨全国贫困地区果品产销对接会、临渭区猕猴桃区域公用品牌发布会在长沙举行。

此次品牌发布会，宣告这只来自陕西省渭南市临渭区的"猕猴"正式出山。我们坚信未来在猕猴桃市场中，这只活力十足的"猕猴"，定能闹出大动静。这个"异类"的猕猴桃品牌，定会拥有不一样的大未来！

尼勒克黑蜂蜂蜜

给甜蜜一个"新"定义

文/贺梦晗

———————

　　不到新疆，不知道中国有多大；不到新疆，不知道水果有多甜。新疆占中国六分之一的国土总面积，拥有47个民族，属干旱半干旱地区，昼夜温差大。在一般的消费认知中，新疆地区地广人稀、民族风情集聚，亦是甜蜜瓜果的产地。"水果甜"的光环太盛，往往让人忽略了，这片广袤的土地上蕴藏着数千年来无人扰动的山林花树，那是新疆人民取之不尽的天然蜜库。

　　受尼勒克县商务和经济信息化委员会委托，芒种品牌管理机构受邀重塑尼勒克黑蜂蜂蜜区域公用品牌，形成以品牌经济为主导的新型蜂蜜经济模式，让新疆尼勒克的纯净蜂蜜为消费者带来新的甜蜜感受。

天山脚下，喀什河畔，古老而神秘的尼勒克县伫立于此。她是新疆万顷荒漠中的一片绿洲，四季分明，百景交织；她的名字寓意"希望""未来"，寄托了当地人对美好生活的期冀和热望。

天山深处的唐布拉大草原正是位于尼勒克县内，这里草场辽阔、繁花丰盛、气候凉爽，是养蜂的天然圣地，素有塞外蜜库之称。每年百花盛开之际，勤劳的尼勒克黑蜂便会采集野生中草药山花蜜源，酿制成具有较高滋补价值的蜂蜜，是尼勒克人款待贵客的佳品。

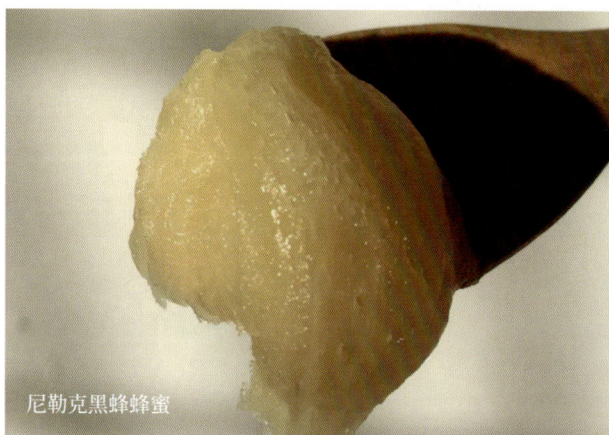

尼勒克黑蜂蜂蜜

　　俗话说，"酒香不怕巷子深"，但在消费需求升级、商品竞争激烈的当下，对消费者来说，无品牌不传播，无品牌不信任，无品牌不消费。因此，尚待闺中的尼勒克黑蜂蜂蜜亟需进行品牌战略的顶层设计，提炼差异化价值，让消费者认识。但纵观我国蜂蜜区域公用品牌，北至东北的黑蜂椴树蜜，南到麻垌、从化的荔枝蜜，有历史、有名号、有故事的蜂蜜品牌数不胜数。尼勒克黑蜂蜂蜜如何脱颖而出？项目组观察到，受制于国内假蜜泛滥引发的信任危机以及国外蜂蜜品牌的强势入侵，国内蜂蜜品牌化进程仍然缓慢，大多数蜂蜜品牌所着重的定位或者卖点，依然聚焦于比较浅层次的产品物理特征，忽略市场需求及消费者需求。因此，结合尼勒克黑蜂蜂蜜的优势，跳脱国内蜂蜜消费乱象，项目组首先提炼出符合消费需求的差异化品牌定位。

新定义

　　品牌定位随着蜂蜜产业消费升级，其保健功能愈加受到消费者的重视。相关数据显示，消费者在选购蜂蜜产品时，更青睐党参蜜、枸杞蜜等以中草药为蜜源的蜂蜜，期望达到更好的养生效果。尼勒克黑蜂蜂蜜的蜜源正是符合消费需求的中草药蜜源。唐布拉草原上的蜜源植物种类极为丰富，包括党参、甘草、贝母、益母草、野薄荷、百里香等，约60多个科，260多种中草药植物，其中数量较多、分布较广、利用价值较高的中草药蜜源植物高达76种。因此，取诸多中草药精华酿制而成的蜂蜜，相

对于单一花蜜来说,营养更为全面,养生效果更佳。综合消费需求与产品特色,结合区域地标,确立品牌定位为:

天 山 本 草 蜜

本草是中草药的别称,古人有大量关于中草药的著作以本草命名,如:神农本草经、食疗本草等,是众所周知的中国符号。"本草蜜"的概念与消费市场需求契合,既代表着尼勒克花草的甜蜜结晶,亦表达是由中草药蜜源酿成的蜂蜜,满足当下蜂蜜市场环境中消费者对养生功能的追求。

尼勒克地处天山脚下,作为世界七大山系之一,天山知名度高,且带有神秘色彩,在我国的文学著作、影视作品中,流传着众多天山中草药的传说。在消费者心中,天山意味着纯净与神秘,天山中草药则具有神奇效果。"天山本草蜜"即以天山下的尼勒克中草药为蜜源酿制的蜂蜜。该品牌定位,抢占了全国蜂蜜行业中"本草蜜"品类的高地,彰显中草药蜜源的特殊性,又能传达天山蜜源产区的优势品质,直击消费者心理,形成差异化竞争力,能帮助品牌有效地攻占消费者心智。

价值支撑基于品牌定位,梳理尼勒克黑蜂蜂蜜的产品属性,项目组提炼出尼勒克黑蜂蜂蜜的品牌价值。

蜜源环境(1800+):海拔1800米以上天山深处无污染的野山花;

蜜源植物(76):源自至少76种中草药蜜源植物;

营养成分(54):富含54种矿物质与抗氧化多酚类物质;

蜂蜜成分(17):高品质成熟蜜,水分约占17%;

蜂蜜酶值(10):蜂蜜酶含量高于国家检验标准10倍;

蜂蜜蜂种(1):唯一国家级新疆黑蜂自然保护区;

品牌价值支撑 ▼

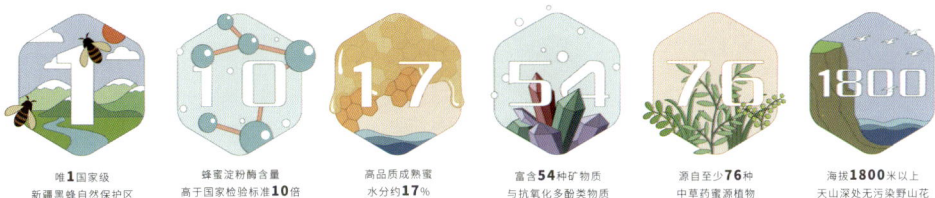

唯1国家级
新疆黑蜂自然保护区

蜂蜜淀粉酶含量
高于国家检验标准10倍

高品质成熟蜜
水分约17%

富含54种矿物质
与抗氧化多酚类物质

源自至少76种
中草药蜜源植物

海拔1800米以上
天山深处无污染野山花

由六组数字组成的价值支撑是产品的差异化与神奇之处。天然的尼勒克黑蜂蜂蜜，为人们健康、快乐的生活提供优于普通蜂蜜的神奇元素。品牌口号由此创意而成：

尼 勒 克 的 神 奇 秘 蜜

口号与定位相互呼应，天山本草蜜即尼勒克的神奇秘蜜，营造出产品神秘感，引发消费好奇：为何神奇?蜂蜜的秘密是什么?尼勒克在哪儿?神奇秘蜜必然是稀缺的、优质的，更易让消费者联想到尼勒克黑蜂蜂蜜具有养生功能，加强品牌的好感度。

品牌口号 ▼

新传播

天然的中草药蜜源是尼勒克黑蜂蜂蜜最突出的产品优势，亦是品牌差异化价值点，以此作为符号的主要创意元素勾勒成一朵缤纷的本草山花。山花之下，是尼勒克黑蜂与蜂农的双手，寓指独特的蜜源、纯正的蜂种、虔诚的匠心共同铸就一滴尼勒克蜂蜜。垂下的蜜滴向消费者传递产品优异特性，能够做到挂勺不滴，是含水量低的成熟蜂蜜。整体形象似绚烂的烟火，寓意尼勒克黑蜂蜂蜜能够带给消费者健康、快乐的身体，让生活更多姿多彩。

品牌标识 ▼

尼勒克黑蜂蜂蜜
Nilka Black Bee Honey
—— · 天山本草蜜 · ——

尼勒克黑蜂蜂蜜品牌传播辅助图形以少女、蜂农来展现淳朴的尼勒克人酿制蜂蜜的场景,通过服饰细节体现当地多民族的特性,融入有百里画廊之美誉的唐布拉大草原地标、繁盛茂密的次深林、终年雪山顶的天山,营造神秘意境,呼应品牌口号,加深消费认知。

品牌辅助图形 ▼

在品牌传播策略上,规划以"天山本草蜜"品牌定位为核心传播点,率先抢占"天山本草蜜"品牌定位的空白,于行业端、消费端同时引爆品牌,展示全新品牌,迅速提升品牌知名度;借助尼勒克发展旅游产业、打造蜂蜜之都的契机,通过"五个一"工程重塑尼勒克甜蜜之旅,实现农旅融合;进一步梳理尼勒克黑蜂蜂蜜的相关理念,夯实"天山本草蜜"概念,与其他蜂蜜进行有效差异化,并在全网平台传播;以事件传播、跨界传播、精准受众传播为途径,在全国范围内引发话题,开拓市场,全面提升品牌好感度,使尼勒克黑蜂蜂蜜成功占领消费者心智,完成从产品到品牌的蝶变,一起分享新疆的甜蜜。

常规包装、传播示例图

发布会现场

后记 POSTSCRIPT

　　《创造的魅力》终于集结成书，这是对芒种这些年来工作成果的阶段性大总结，对芒种团队来说，具有非常的意义。

　　2020 年年底，芒种专家委员会建议团队对近几年来创造或再造的农产品区域公用品牌案例做系统的梳理和分享。十几年来的实践，芒种团队积累的农产品区域公用品牌案例众多，由于篇幅有限，如何精选案例成为编委最大的挑战。经过反复探讨，最终，我们从农产品区域公用品牌的类型、品牌所属区域的特色等角度出发，精选案例进行汇编。比如，在单一产业品牌"长白山人参"和多品类品牌"天赋河套"的比照中，我们可以看到不同类型的农产品区域公用品牌在创造中的不同魅力；在副省级城市重庆市"巴味渝珍"和江津区"一江津彩"的比照中，我们可以看到省市县区农产品区域公用品牌在创造中的不同魅力；在寒地黑土"极镜寒养"、河套平原"天赋河套"、神秘边城"湘西香伴"、山海之间"瓯越鲜风"的比照中，我们可以看到寒地、平原、山地、海洋等不同地貌、不同农耕文化所创造出的农产品区域公用品牌的不同魅力。通过精选案例，我们希望尽可能多角度与读者分享农产品区域公用品牌创造的不同魅力。

　　本书从策划、汇编到成册历时近一年的时间，由芒种团队骨干执笔精心撰写，并经过数次修改完善，最终定稿。对芒种专家委员会的大力支持，以及执笔人员付出的辛勤劳动，我们在此一并表示感谢。

　　我们期待与各位读者继续在农产品区域公用品牌领域一起探索，一起精彩！

杨巧佳 携芒种各位同仁

2021 年 11 月 5 日

图书在版编目（CIP）数据

　　创造的魅力：芒种品牌解读集 / 杨巧佳主编；周
叶润，贺梦晗副主编. -- 杭州：浙江大学出版社，
2022.1
　　ISBN 978-7-308-22140-5

　　Ⅰ.①创… Ⅱ.①杨… ②周… ③贺… Ⅲ.①农产品
—品牌战略—研究—中国 Ⅳ.①F326.5

　　中国版本图书馆CIP数据核字(2021)第262573号

创造的魅力：芒种品牌解读集

杨巧佳　主编
周叶润 贺梦晗　副主编

责任编辑	李海燕
责任校对	董雯兰
美术指导	岑文军
封面设计	杨仟
出版发行	浙江大学出版社
	（杭州市天目山路148号　邮政编码 310007）
	（网址：http://www.zjupress.com）
排　　版	商梦竹
印　　刷	杭州高腾印务有限公司
开　　本	710mm×1000mm　1/16
印　　张	12.5
字　　数	180千
版 印 次	2022年1月第1版　2022年1月第1次印刷
书　　号	ISBN 978-7-308-22140-5
定　　价	72.00元